SHEHUI SHIJIAN JIAOYU MOSHI XIADE DAXUESHENG SHEHUI ZERENGAN PEIYU

社会实践教育模式下的大学生社会责任感培育

邹超 张晓伟 ◎著

中国原子能出版社

图书在版编目（CIP）数据

社会实践教育模式下的大学生社会责任感培育 / 邹超，张晓伟著．-- 北京：中国原子能出版社，2020.4（2023.4重印）

ISBN 978-7-5221-0541-3

Ⅰ．①社… Ⅱ．①邹… ②张… Ⅲ．①大学生－社会责任－素质教育－研究－中国 Ⅳ．① G641.6

中国版本图书馆 CIP 数据核字 (2020) 第 069051 号

社会实践教育模式下的大学生社会责任感培育

出版发行 中国原子能出版社（北京市海淀区阜成路 43 号 100048）

责任编辑 徐 明

责任印刷 赵 明

印　　刷 河北文盛印刷有限公司

经　　销 全国新华书店

开　　本 787mm × 1092mm 1/16

印　　张 10

字　　数 160 千字

版　　次 2020 年 4 月第 1 版

印　　次 2023 年 4 月第 2 次印刷

标准书号 ISBN 978-7-5221-0541-3

定　　价 48.00 元

网 址：http//www.aep.com.cn　　E-mail:atomep123@126.com

发行电话：010-68452845

序　言

社会责任是身处于一定社会关系中所有成员必须要践行的应然使命。社会责任也是我们对于自身社会活动行为承担后果的既定义务。大学生作为我国优秀青年的代表，是我国社会主义建设过程中的一支不可小觑的力量。然而从当前来看，我国大学生的社会责任感还比较薄弱，加强大学生社会责任感的培养已经势在必行。

大学生社会实践是指按照高等教育目标的要求，有组织、有计划、有目的地引导大学生深入实际、深入社会、深入生活，从而提高其全面素质的一种教育活动。社会实践即是理论联系实际的重要途径，也为大学生提高自立自强能力及适应社会能力提供了必要的锻炼机会。大学生中蕴藏着巨大的道德力量和社会实践的积极性，而社会实践是激发和培养学生社会责任感的最现实和最有效的途径之一。

鉴于上述情况，本书首先介绍了大学生社会实践教育的理论、社会实践活动的功能和大学生课程学习中的社会实践教育，然后详细论述了大学生社会责任感培育的相关概念、理论依据及大学生社会责任感培育的情况，最后，对社会实践教育模式下的大学生社会责任感培育进行了讨论。本书材料丰富，理论深刻，观点新颖，方法实用，对从事相关工作的同仁一定有所裨益。

笔者在书稿写作过程中思考了许多从前未涉及过的问题，学习了许多新理论、新思想、新知识，自身传统认知与这些新鲜事物的碰撞是激烈的，可以说书稿的写作历程也是一次成长和改变。

感谢我的同事们，感谢他们的支持与合作，没有他们的加入，我的研究就无从开展；感谢我的家人，他们在我写作过程中给予了大力支持、理解和关怀；为了能够使我安心写作，他们分担了家庭的大部分重任，我所取得的每一点进步，都凝聚着家人大量的心血和付出；我还要感谢所有参考文献的作者，是他们富有创造性的研究工作奠定了我写作此书的基础。

鉴于本人学识水平和研究写作时间，书稿中难免有不足和有待商榷之处，希望读者多提宝贵建议和意见。

目　录

第一章　大学生社会实践活动功能剖析

第一节　大学生社会实践活动的基本功能

社会实践是大学生思想政治教育的重要环节，对于促进大学生了解社会、了解国情，增长才干、奉献社会，锻炼毅力、培养品格，增强社会责任感具有不可替代的作用。研究大学生社会实践的功能，对于进一步深化和拓展大学生社会实践活动，促使大学生在社会实践中受教育、长才干、作贡献，促进高等学校教育教学改革具有十分重要的意义。大学生社会实践的基本功能是导向功能、拓展功能、沟通功能、检验功能、促进功能和服务功能等一系列子功能的有机结合。

一、导向功能

导向功能是指大学生通过社会实践活动，在能动改造客观世界的同时，也在改造自己的主观世界，最终使自己形成符合社会发展客观规律的世界观、人生观和价值观。

大学生正处在人生成长的关键时期，生理、心理的不成熟，导致所形成的世界观、人生观不稳定，可塑性大。大学生希望认识社会但又缺乏辨别是非的能力，对转型时期出现的各种问题和现象不能正确认识与辩证思考，客观上与社会接触相对较少，社会实践经验不足，对社会缺乏深刻的认识和了解，最容易用理想主义的眼光来看待社会和人生，他们对祖国的改革开放事业抱有很高的期望，但对改革和建设的复杂性和艰巨性认识不足。

在进行理论教育的同时，必须积极地通过社会实践来帮助大学生确立正确的人生导向。通过社会实践，增加大学生与社会接触的机会，让他们在实践中去看、去问、去听、去思考、去探索人生真谛，去知晓乡情、世情、国情，理解党的路线、方针、政策是由中国国情所决定，从而确立正确的奋斗目标和价值取向，自觉拥护党的路线、方针、政策和各项重大决定。通过社会实践，正确引导和教育大学生全面了解社会，充分认识中国国情，客观认识和分析改革进程中出现的各种得失，正视改革进程中遇到的困难和挫折，培养他们艰苦创业、吃苦耐劳的精神，踏实肯干的作风，增强大学生的社会服务意识、社会责任感和历史使命感。

二、拓展功能

拓展功能是指大学生通过社会实践把知识、理论、经验作用于社会的同时，发现和解决实际问题，体验和感受社会生活，学生的知识技能结构、认知能力、自学能力、实践能力等多方面能力得到发展，从而成为经济社会发展需要的高素质复合型人才。

从用人单位对大学毕业生的评价来看，大学生掌握的理论知识尚可，但是运用理论知识于实际工作的能力却较差，普遍缺乏独立操作能力、组织管理能力、社会交际能力、语言表达能力和正确的择业观念。社会发展需要专业知识扎实、综合素质全面、职业道德较好的高素质人才。学校的理论教育虽然为大学生自我发展奠定了坚实的基础，但是理论知识最终必须通过实践发挥作用，社会的需要正是理论知识的试金石。德国哲学人类学家兰德曼曾经说过："人必须独自地完善自己，必须确定自己是否置身于某些特殊的事物中，必须试图依靠自己的努力解决那些专属于他自己的问题，他不仅可以而且必须有创造性……个体的人在为他的完美存在而斗争的过程中，不能只限于做一个他的物种的代表。人应该部分地超越他的物种，人应该生产出某种属于他自己的新东西"。在社会实践过程中，大学生能够发挥自身的创造性，不断地超越自己、完善自己。

社会实践活动方式的选择、活动过程的控制等，很大程度上都由学生自己来进行。只有充分发挥学生的主体性，才能有利于培养学生的创新精神，有效推进潜在创造力的开发，增强大学生分析问题和解决问题的能力，为适应社会竞争和社会选择创造条件。一方面，通过社会实践，可以对学生所学的知识进行检验和完善，有利于锻炼和提高学生对专业知识的综合运用能力，从而使课堂教学与实践活动良性互动，紧密结合专业特色的社会实践活动也更容易激发学生的参与热情和学习兴趣，更能取得良好的效果。另一方面，通过社会实践，可以使大学生直接与生产劳动相结合，直接参与实际操作，探索自我管理，尝试与社会各阶层人士打交道，在“做”“考察”“实验”“探究”“设计”“制作”“想象”“反思”“体验”等一系列活动中，培养大学生多方面的实践能力，使大学生真正做到学会学习、学会关心、学会做事、学会做人、学会生存，从而实现大学生个性完善和社会发展的和谐完美统一。

三、沟通功能

高校培养出来的大学生是否合格、能否胜任实际工作，最终要由社会来决定。这就需要学校和社会与大学生进行需求信息和人才标准的交流和沟通，加强学校教育和学生自我教育的针对性。

如果没有社会实践来打开社会与学校、社会与大学生之间的“对话”渠道，育人工作必然带有很大的盲目性，导致学校输送出的人才和社会需求严重脱节。这不仅是教育的巨大失误，也是人才培养的最大浪费。通过社会实践，大学生走入现实生活，接触广大人民群众，他们不仅认识到社会所需的人才标准和要求，而且还会将这一信息传递给其他同学，这样学校的教育和社会现实才能有机地结合起来，从而使得教育能够有效地为社会主义现代化建设事业服务。而大学生在这场“情景对话”中也找到了自己努力的方向，学习、生活都有了更加现实的动力，因而倍感充实。

社会实践的沟通功能除了体现人才需求信息的沟通交流外，还体现在大学生与人民群众的情感融通上。一般来说，在校大学生不容易看清人民群众在社会发展中的地位和作用，而社会上对大学生也存在着一定的理解偏差，双方存在着隔阂。然而，社会实践为双方提供了一个相互了解的机会。通过社会实践，大学生不仅了解了国情民情，而且增加了大学生与人民群众接触的机会，拉近了大学生与普通老百姓的距离，实现了心灵和情感上的沟通，一定程度上消除了相互之间的隔阂，增进了相互之间的了解，进而达到相互适应、相互信任、共同振兴中华民族伟大复兴的事业。例如，一位石油工程专业的大学生在社会实践报告中写道：“到基层去了解一线工人一颗滚烫的心，一份火热的情，去看看大庆人、胜利人那种无私的奉献精神，对我大有裨益。事实证明，没有他们那种忘我的、无私的奉献精神，就没有大庆和胜利的今天，也就没有我们大学生的明天。”

四、检验功能

检验功能是指大学生通过社会实践把书本上学到的理论知识运用于实践，检验理论知识是否正确，掌握是否牢固，知识面是否宽广，从而使正确的知识得到证明，错误的知识得到修正，不足之处得到补充和完善，知识结构更趋合理。即大学生在社会实践过程中，把获得的感性知识与书本上学到的理论知识进行比对，检验理论知识在实践中的应用，判断和确认自己所学到的理论知识在实践中的效度，将知识内化为自身的素质。从这种意义上说，检查在感性知识向理性认识的转化中间发挥着核心的功能和作用。

社会实践不仅使广大青年学生接触了社会，同时也为他们提供了检验、深化，巩固和提高理论知识的新天地。社会实践活动的检验功能在于它在整个社会实践过程中，对大学生的认识能力、组织能力和社交能力等进行实践检验，并为大学生专业文化知识提供一个深化、巩固和提高的广阔天地。正所谓“纸上得来终觉浅，绝知此事要躬行”，社会实践是透彻地认识、了解事物的重要途径。

毛泽东在《实践论》中指出：“马克思主义者认为，只有人们的社会实践，才是人们对于外界认识的真理性的标准……只有在社会实践过程中……人们达到了思想中所预想到的结果时，人们的认识才被证实了。”社会实践正是打通社会与学校、社会与大学生之间的一条有效途径。大学生的成长过程是一个不断社会化的过程。社会实践活动的一个显著特点就是促进大学生逐步认识社会、融入社会、适应社会，从而为社会所理解和认同。

在社会实践过程中，大学生可以检验他们的政治思想素质是否能达到市场经济发展的要求，文化智能结构是否能满足现代化社会发展的需要，开拓竞争意识是否能够适应社会经济和科技发展的趋势，通过亲身体会自己思想、工作和学习的成功与不足，及时调整学习方法和优化知识结构，进一步提高自身的综合素质。学校也可以从学生社会实践中获得大量有益的反馈信息，有利于调整和改革现行的教育体制，促进教学内容的更新和科学研究的开展。通过社会实践，大学生走入现实生活，接触广大人民群众，他们不仅认识到社会所需要的人才是什么样的，自己的知识是否牢靠，知识是否够用，而且还会将这一信息传递给其他同学。社会实践既是联系社会与学校的桥梁和纽带，也是贯彻教育与生产劳动相结合的重要渠道，这样学校教育就与社会现实教育有机地结合在一起，从而使得教育更加有效地为社会主义现代化建设服务。

五、促进功能

促进功能是高校通过社会实践载体，发现高校人才的培养理念、培养目标、培养规格、学校规划和办学定位是否准确，是否符合经济社会生活实际的需要，进一步明确办学思想，端正办学方向，从而有效地促进高校教育教学改革。

21世纪，国际间科技、教育、人才的竞争日趋激烈，高等教育必须主动适应当今和未来社会发展的要求。随着教育改革的不断深入，教育环境的不断变化和学生特点的变化，许多教育方式、教育观念、教育手段已经不能与时代同步，而社会实践活动因其内容始终与社会发展同步，从而成为高等学校深化教学改革和促进学生获取知识的一个重要途径。课堂教学是以间接经验为主要内容的认识教育，有片面性。而社会实践活动可以在正确理论指导下，直接获得经验，是一个使知识社会化的过程。社会实践活动为学校教育提供了课堂教学延伸和补充的场所，开辟了培养大学生理论联系实际、学用结合、全面发展的新路径，是高等学校深化教学改革的重要举措。因此，开展社会实践活动是新时期高等学校为适应市场经济发展要求所进行的一项具有战略意义的教学改革和教育实践。

大学生社会实践最大的优势在于有比较专业的理论知识作为实践的基础，能够将学校里所学所思运用到具体的社会实践中。通过社会实践活动，大学生能够开发自身智力，促进自身更好地理解和掌握专业知识，学到课堂上和书本里学不到的知识，还可以在实践中提高分析和解决问题的能力。同时，社会实践活动还具有生产劳动教育和社会职业培训的作用，使学生获得一定的职业技能，为以后走上就业岗位提供必要的实践准备。特别是与高等学校专业理论教学联系密切的社团活动、科技咨询活动、科技开发与扶贫活动、青年志愿者活动和智力开发型的勤工俭学活动等，对当代大学生专业知识的扩展、专业思想的巩固、专业技能的培养与提高起到了极其重要的促进作用，所以社会实践能够有效地促进高等教育的改革和发展。

通过专业性较强的社会实践锻炼，大学生能够感受到学习理论的重要性，增加理论学习的兴趣，让理论知识在实践中灵活运用，提高大学生对所学知识的理解和掌握程度，不断加深和巩固所学的理论知识，改变大学生对理论学习的某些偏见，强化大学生对自己所学专业理论知识的认识和理解，甚至把自己不喜欢的专业变成了最热爱的专业，从而感受到自己所学专业的实用性和魅力所在。

六、服务功能

社会实践的服务功能在于大学生可以利用自己所学到的科学文化知识和专业技能，开展各种科技咨询、科技服务以及各类义务劳动和公益活动，既在一定范围和程度上解决工厂、中小学校和企业存在的问题，又产生一定的经济效应，还在政治文明、精神文明和物质文明建设方面产生积极的社会效应，以此服务于社会。邓小平同志曾经指出："科学技术是第一生产力，加速经济发展必须依靠科技和教育。"邓小平同志从战略高度把教育与贯彻党的基本路线紧密联系起来，深刻揭示了教育对发展社会生产力的作用，同时也揭示了教育必须为社会主义现代化建设服务，社会主义现代化建设必须依靠教育的客观规律。实践活动是联系学校和社会的桥梁和纽带，是教育面向现代化建设的重要途径，而高校社会实践活动的主体又是广大青年学生，这三者的整合与统一，必然形成一种合力，必将产生出一种巨大的综合功能和社会效益。

20世纪80年代以来，我国高等学校多渠道、多层次地鼓励大学生积极投入社会实践活动，在科技培训、科技开发、科技普及推广中，直接面向社会、面向市场、面向企业，取得多维效益。在市场经济的推动下，社会实践活动与市场经济结合得更加紧密，十分注重社会效益与经济效益的结合，毫不隐讳地考虑并在适度范围内，既讲思想教育成果，也讲经济效益指标。大学生利用社会实践在人口众多的广大农村和远离大中城市的基层企业和中小学校，通过开展社会调查、文艺演出、生产劳动、志愿服务、公益活动、科技发明、科技咨询、科技攻关、义务支教、法制宣传等社会实践活动，广泛传播科学文化知识，极大地推动全社会科学文化知识的普及，有力推动农村脱贫致富的进程，为乡村振兴作出积极贡献。同时，大学生利用自己的知识优势，深入乡镇中小企业，在一定程度和范围内解决企业经营、管理、生产和技术上的问题，促进了中小企业管理水平、生产技术和科研水平的提高，为企业真正排忧解难，产生积极的经济效益和社会效益。高等学校通过与企业、地区与部门联合办学，建立教学、科研和人才培养等多方面以至全方位的长期稳定合作，既有利于广大青年学生发挥自身优势，参与社会、服务社会，又有利于大学生强化市场意识，参与市场经济建设，还能促使大学生按照市场经济发展规律选择、参与、竞争，真正做到学知识、长才干、作贡献。

第二节　大学生社会实践活动的教育功能

大学生社会实践是高校按照高等教育培养目标和要求，有目的、有计划地组织在校大学生参与社会政治、经济和文化活动的一系列教育活动的总称。它既是认识世界、改造社会的行为过程，又是进行思想道德修养、人格塑造和技能培训的实践活动，是实践性和教育性的有机统一。其中实践性是教育的载体，实践是教育的前提和基础，而教育性是社会实践的核心目标，贯穿于整个活动之中。因此，丰富的教育功能是大学生社会实践价值的真正体现。大学生社会实践价值的真正体现在于其拥有丰富的教育功能。这些教育功能不是抽象的、笼统的，而是由一系列子功能组成的有机结合，即认同功能、塑造功能、陶冶功能、强化功能、预防功能和辐射功能。

一、认同功能

高等教育的根本任务是培养社会主义现代化建设事业的合格接班人。青年学生正处于接受教育、培养世界观的关键时期。在当今世界已经步入信息化的时代，各种思想观念无时无刻不在影响着大学生，如何用社会主义思想和信念来占领他们的头脑，培养当代大学生树立正确的世界观、人生观和价值观，树立崇高的理想信念，这是广大高校教育工作者不得不认真思考和解决的一个现实问题。

高校的教育实践经验告诉我们，解决这一问题不仅需要通过正面的理论教育途径来实现，更需要组织大学生走出校门，参加各种形式的社会实践，深入社会生活，在社会实践中认识自我、塑造自我。

多年来的实践证明，通过社会实践活动，可以使大学生走出学校这个相对狭窄的范围，接触群众，熟悉社会，投身到包罗万象的现实生活中去，从而能够全面了解和认识社会的政治、经济、文化的全方位变迁和基本国情，有利于大学生把握社会的内在联系和发展规律。通过社会实践活动，可以使大学生尽快地适应社会，了解社会并服务社会，让学生到社会大熔炉中去探索、去锻炼，使学生用自己的眼睛去观察，用自己的大脑去思考、去感受祖国城乡翻天覆地的变化。通过社会实践活动，可以使大学生认识中国国情、民情，理解党的路线、方针、政策，加深对建设中国特色社会主义理论的理解，明确社会主义市场经济对当代大学生政治、文化和人文素质方面的要求，激发他们的责任感、使命感和紧迫感，培养他们自强、自立、艰苦奋斗的奉献精神，树立正确的奋斗目标和价值取向。通过社会实践，可以使大学生真正地内化社会主义性质的政治观念、道德规范和价值准则，把自己的未来归宿于党领导的社会主义现代化建设事业，找到自己为之奋斗终生的价值。因此，有大学生在调查报告中写道："以前在课堂上虽然也听老师讲过很多，但是耳听为虚，眼见为实，在社会实践中尽管我们看到的只是一个小小的侧面，却大大增强了我们走坚持社会主义道路的信念，有助于帮助我们树立科学的世界观和人生观。"

总之，社会实践活动是引导青年学生全面发展和培养跨世纪人才的有效途径，是学校思想政治教育的扩展和延伸，也是展示当代大学生人生价值的舞台。

二、塑造功能

社会需要的人才是全面发展的、具有综合素质的高素质人才。不可否认，学校的理论教育在这方面所起的作用十分明显，但作为学校教育的必要延伸和补充的社会实践对大学生的塑造和发展作用却十分突出。

大学的专业教育更多地注重对学生进行知识灌输，较少关注学生的道德心理层面，这样培养出来的人往往缺乏人文精神，难以促进自身和社会的全面和谐发展。爱因斯坦曾说过："用专业知识育人是不够的。通过专业教育，人可以成为有用的机器，但不能成为一个和谐发展的人。现在的人文教育大多停留在知识层面，而从人文知识到人文精神之间的中间环节是自我消化和开展实践活动。"大学生的社会实践有利于塑造大学生健全的个体人格，并督促其自觉履行道德行为。人的思想品德是在社会实践的基础上主客体因素相互作用、相互协调的产物。个体的品德总是在具体、真实的情境中，在处理人与社会、人与自然、人与人的过程中得以践行、体认与升华。学生在共同的社会实践活动中，必然会形成心态上的共振，可以培养合作精神、团队精神、奉献精神，增强道德自觉意识和意志力，完善人格的塑造和培养。同时，大学生社会实践可以使学生把丰富的感性经验和理论思维相结合，能陶冶情操、提升精神境界，培养良好的生活态度和精神面貌。

在提高思想道德素质方面，大学生通过社会实践，深刻感受到社会对自身的希望和要求，从而自觉按照党和社会对青年的要求，进行自我教育，努力使自己的思想行为符合社会发展的要求，把自己塑造成社会所需的对人民、对社会有用的具有高尚的道德情操的合格人才。在提高身心素质方面，大学生投身社会实践，深入农村地区，能够了解国情，体验民情，增强大学生艰苦奋斗和立志成才的意识；深入到革命老区，能够重温革命历史，缅怀革命英烈，促使大学生树立崇高理想和坚定信念；深入到社会基层，能够体会到人民群众的朴实、善良、勤劳，继承中华民族的优良传统，增强民族自豪感和自信心，从而促使其健康的情感、坚强的意志、良好的性格的形成，身心素质得到完善。在提高自身业务素质方面，大学生通过社会实践深深地懂得，理论知识最终要通过实践发挥作用，同时社会的需要又是知识的试金石，社会的发展又对知识的掌握和探索提出了新的要求。通过社会实践，使得学生对当今学科在高度分化的同时又相互进行交叉渗透的趋势有了深刻的体会，为他们摆脱专业知识窄化的现象提供了有力的帮助。同时，在各种形式的社会实践活动中，大学生不仅可以巩固已有的理论知识，加深对这些理论知识的理解，培养、锻炼自己各方面的能力，而且在应用知识服务社会的同时，也会发现自己所具备的知识和技能与社会的要求还存在着一定的差距，从而激发他们努力学习知识、培养技能的热情，不断提高自身业务素质。

有学生在社会实践活动后感慨：“社会实践使我深深感受到现代社会对知识、信息和人才综合能力的要求，现在社会需要的不仅是学富五车、满腹经纶的秀才，更需要有广博的知识和丰富的实践经验的复合型人才，社会实践给了我锻炼的机会，我将倍加珍惜自己在校学习期间的时光，练就一身过硬本领，掌握更多社会需要的知识和能力，为在将来的社会竞争中能够拥有自身的立足之地。”

三、陶冶功能

陶冶功能是指大学生在社会实践过程中服务社会、贡献才智、实现自身价值的同时，锻炼毅力，培养爱国主义、集体主义、社会主义精神，增强使命感和责任感，树立正确的荣辱观，形成正确的思想道德意识。

作为在改革开放新形势下成长起来的大学生，他们经历的是中国经济快速增长，社会生活日趋好转的过程，没有付出先辈的艰辛，却享受着改革开放的成果。随着对外开放不断扩大、社会主义市场经济的深入发展，我国社会经济成分、组织形式、就业方式、利益关系和分配方式日益多样化，人们思想活动的独立性、选择性、多变性和差异性日益增强，面临的这些现实情况和复杂背景，既有利于大学生树立自强意识、创新意识、成才意识、创业意识，同时也带来一些不容忽视的负面影响。

通过社会实践活动，可以使大学生充分了解自我，客观评价自我，与他人友好相处，互相尊重，互相关心，既有利于培养艰苦奋斗、吃苦耐劳精神和踏实肯干的作风，又有利于培养学生良好的个性心理素质、健全高尚的人格品质、良好的生活和锻炼习惯、团结协作精神以及崇高的道德情操。

四、强化功能

大学生的社会化过程离不开来自制度层面上强有力的威慑（奖励和惩罚），他们树立思想信念，培养良好行为习惯都需要得到必要的强化，正确的做法得到奖励和表扬，错误的行为应受到制度、法规和守则的制裁。缺乏这种奖惩机制，学校就很难将学生培养成符合社会要求的合格的人才，这也是“没有规矩不成方圆”的道理。当然学校也可以利用各种规章制度来施行强化教育，但相对于学校的强化功能，社会实践的强化功能却更为深刻、全面，因为它有效地利用了社会整个文化的权威信仰和凝聚力。

正确的思想观点不会凭空产生，必须经过后天的学习才能获得。课堂传授、书本学习和理论“灌输”十分重要，是帮助大学生成为社会主义现代化的建设者和接班人的主渠道。但由于理论是对事物内在规律的揭示，它往往抽象、深奥，需要通过形象、生动、具体的东西来说明和补充。令人遗憾的是，目前高校政治理论教学的效果还不尽如人意。尽管人们为改变思想政治理论课理论与实际脱节、空洞抽象的状况进行了积极的探索和尝试，提出了许多有见地、可操作的思路，但时至今日，理论“灌输”和思想政治理论课改革还没有取得全局性、突破性的进展。其中一个重要原因就是仍然没有解决好理论与实践两张皮的问题，没有把来自实践、来自社会、来自生活的理论观点再用实践、社会和生活本身来做阐述和说明。在思想政治理论课教学中，常常是概念多于形象、抽象多于具体、理性多于感性，干巴巴的定义和原理，加上过时的举例说明，很难使大学生产生共鸣。社会实践恰恰可以为大学生补上感性认识这一课，恰恰可以弥补当前思想政治理论课教学中理论联系实际欠缺的弱点。在社会实践中，学生们置身于沸腾的社会生活里，处在真实、生动、具体的环境中，这为他们理解和验证概念、原则提供了丰富的素材和不竭的源泉，可以解开他们的困惑和疑团，帮助他们找到理论得以存在的现实土壤，从而实现感性认识向理性认识的飞跃。

同时，在大学生社会化过程中，由于各种主客观因素的影响，可能造成一些认识的偏差，不能准确地认识和估价自己，摆不正自己在社会中的位置，弄不清自己的社会角色，突出表现为角色期望值往往太高。另外，社会体制改革的深化和市场经济体制的完善为个人自我选择和自主性的发挥提供了广阔的空间，受不同文化观念、价值观念影响的大学生，面临着各种机遇和条件，又往往难以取舍。

社会实践能帮助他们较好地认识自己的社会角色和价值，使之扮演好自己的角色。因为社会实践活动有效利用了社会文化权威信仰和凝聚心向，具体生动地告诉大学生社会倡导什么、禁止什么，要求什么、拒绝什么。他们已有的正确观念得到社会的认同，而不符合社会要求的行为又能得到社会善意的批评和指正。一正一反引导学生健康成长，促使他们自己教育自己，并开始由社会客体地位向主体地位过渡。作为客体希望被社会接纳，必须适应社会，做到与社会在心理上相融、行为上相协调。这必将促使学生在社会实践中自觉而有意地适应社会，正确处理与他人、社会的关系，在实践活动中找到“理想中的自我”与“现实中的自我”的差距，并自觉进行调整，通过主观努力进行角色调试。总之，大学生社会实践的教育强化功能，一方面，有助于学生全面分析社会现实状况与其发展趋势，了解不同社会角色的权利和义务。另一方面，有利于学生反观自己的素质、能力、个性特征，把握自己的优势与劣势，综合分析社会角色与个体社会化的对接情况，找准方向，从而更好地达到角色的实现。

五、预防功能

作为社会主义现代化建设事业的接班人和建设者，大学生必须要具备一定的思想鉴别力和预防能力。但这种预防能力单靠课堂教育是不够的，仅受课堂教育的大学生，恰如温室中的花苗，他们不仅没有一定的进取心，而且也缺乏有效的抵御能力，在人生问题上，往往表现为消极被动和乏力的抗拒倾向。在社会实践活动中，大学生更多可能是看到社会主流的、积极的一面，这对学生的健康成长是有促进作用的。但与此同时，大学生也不可避免会遇到社会上存在的一些消极的，甚至是阴暗的一面，这些问题是课堂教育所无法真实感受到的。

面对这些社会问题，高校不应消极地回避，而应是积极地去运用这些活生生的现实去教育学生。通过耐心细致的教育工作，对学生进行指导、疏导和引导，帮助学生认清形势，分清社会的主流和支流，认识当前产生这些社会问题的根本原因，使学生在观察、分析解决各种社会问题的过程中提高自己的思想道德修养和明辨是非的鉴别力，发展自己的文化免疫功能，从而有效地抵制违背社会主义文化内核的思潮和观念的影响，坚定自己的社会主义信念，形成矢志不移、言行一致的良好思想作风和道德品质。从这个意义上讲，在社会实践中大学生所遇见的社会消极的、阴暗的一面，与其说会削弱教育的效果，不如说是在给学生注射疫苗，提高学生的免疫能力，从而为其以后走上工作岗位打下坚实的思想基础。

在强调社会实践对大学生思想政治素质产生积极作用的同时，必须正视另一个事实，即社会实践中各种消极因素对大学生的不良影响。由于社会实践范围的广泛性、社会生活的复杂性和人的多样性，大学生们在社会实践中除接触到大量先进典型、模范人物和各种可歌可泣的事迹外，还会接触到社会阴暗面，还会与各种思想意识和价值观念的人打交道，市场经济的负效应会直接或间接地影响到大学生。此外，社会实践的积极效应随时间递减的现象也不容忽视。随着时间的推移，大学生们在社会实践中进一步坚定的信念和激发起来的抱负和热情，在无数榜样和楷模的影响下所产生的强烈责任感，会因回到校园后环境的变化和生活内容的改变而逐步减弱。这些现象的存在，提醒高校教育工作者在努力发挥社会实践积极效应和总体优势的同时，还要采取有效措施，将消极或不利因素降到最低点。社会实践前的策划、引导和培训，后期的总结、交流和表彰；时间、空间上的分散与集中相结合，校内与校外相结合；坚持数年、常抓不懈等都是有效措施。在这个过程中，要特别注意运用理论的力量，教会学生掌握辩证的思想方法，交给学生认识世界的“望远镜”和“显微镜”，教会他们全面、历史、发展地看问题，用科学的方法升华在实践中得到的认识、素材和感受，从而把握全局、把握本质，使社会实践的积极效应得到最大程度、最为持久的发挥。

六、辐射功能

学生健全的人格和良好的精神面貌可以辐射到学校各个角落，辐射到其他各种活动中，有利于良好校风和校园文化的形成。同时，社会实践突破了大学围墙，成为学校与社会联系的纽带。一方面，大学生从社会各行各业中汲取营养带回学校，有利于学校及时掌握社会对人才需求的信息，及时调整专业，为社会培养急需人才。另一方面，社会实践可以充分展示师生的聪明才智以及师生团结和睦、积极向上的精神风貌，有利于社会了解学校，扩大学校办学知名度和对社会的影响力。

第三节　大学生社会实践活动的创新功能

众所周知，大学生社会实践活动在初始阶段，大多表现为参观访问、社会调查等形式，重点是通过观察体验来形成对社会的感知和工农的了解。现在大学生社会实践形式又有了新的发展。大学生不仅通过参观考察来感受社会，而且要通过技术攻关、管理咨询、投身“产学研工程”、行业顶岗等形式直接参与具体工作来开展社会实践。大学生通过亲身参加社会实践，更加深刻地认识到生产实践在社会实践中的基础地位和决定作用，认识生产劳动的价值，认识工人、农民作为物质生产的主体在现代化建设中的历史性作用，认识人民群众在历史创造过程中的重大作用和宝贵价值，从而自觉地树立劳动观点、群众观点、为人民服务的观点、重视知识价值的观点和艰苦创业的观点，增强刻苦钻研现代科学文化知识的自觉性与主动性。具体地说，社会实践具有培养大学生创新精神、树立创造意识、提升创业能力、推进个体社会化、加强自我教育等创新性的功能。

一、培养创新精神

在当今科学技术突飞猛进，国力竞争日趋激烈的信息时代，没有创新就没有发展，没有创新就没有出路。而高校是人才培养的基地，能否培养出一大批富有创新精神和实践能力的高素质人才，直接关系到国家的命运、民族的未来。我国的创新教育起步较晚，缺乏完整严密的教育机制，尤其是与技术革命和经济发展等相关的社会实践活动相脱节，在国际人才竞争中明显滞后。因此，在实践中启发、诱导和强化大学生的创新意识，培养其良好的实践能力和创新能力是今后一个时期大学生社会实践活动的主要任务。

创新不是闭门造车，创新是一种反叛，是一种开拓，是一种飞跃。因此鼓励大学生深入社会，深入现实，着眼于新的实践和新的发展，调动在课堂上所学的知识，激活知识的运用，并尝试用新的思维方法对现实问题作出理论思考，自主探寻解决问题的新途径、新方法，才能有所突破、有所发展。这一过程不仅是运用知识、积累知识的过程，而且是一种科学的探索过程、创造过程。例如，以全国大学生“挑战杯”科技创新活动为载体，引导和鼓励大学生带着课题、项目走出课堂，走进社会，深入调查研究，不断拓宽思维空间，改变思维方法，并结合社会热点和难点，寻找新的切入点，从而对时代和社会发展的新特点和新趋势作出科学的分析和判断。

知识经济的发展要求高等学校走出象牙塔，面向经济建设主战场，走产学研相结合的道路，这为培养大学生的创新精神和创造能力提供了难得的机遇和发展空间。目前，不少高校依据自己的科技和智力优势自主或合作创办高新技术企业和企业集团，建立大学科技园，促进科技成果向生产力的转化，为学校和社会创造了巨大的效益，这一成果本身就是对大学生创新意识的一种教育。同时，这些企业或企业集团又为大学生创新精神的培养和发挥提供了实践的舞台和基地。借助它们，大学生可以运用所学的专业知识进行科技攻关和新技术新产品的研究开发；或者通过校企合作的形式，让大学生利用课余时间到企业兼职、挂职，直接参与企业的生产、科研过程，进行专业性的技术服务等，在具体的实践中培养学生自觉学习、勇于创新的积极性和主动性。另外，结合市场情况还可以组织大学生到不同类型的企业进行实地调研，分析科技创新在企业创造效益中所占的份额和比例，从而明确创新是企业生存和发展的动力和活力。创新教育也必然会在这一实践过程中得到强化。

二、树立创造意识

创造是指大学生在社会实践中探索新问题、研究新思路、提出新对策，从而获得新知识、新发现、新发明。大学生在社会实践中，新的见闻和感悟能够激发他们的创造意识、创造性思维和创造活动，在兴趣的引导下，他们运用假设、分析、实验、总结和提炼，在问题的发现、分析和解决的过程中，能有效促进隐性知识向显性知识的转化，进而收获创新素质和能力。大学生社会实践所蕴含的创造功能，体现了社会实践是培养大学生创新素质的重要手段，是素质外化为能力的有效途径，是实践育人的精髓所在。发挥大学生社会实践的创造功能，为大学生实现全面发展，成为更加适应社会、奉献社会的有用之才提供了保障。

三、提升创业能力

1998年11月，联合国教科文组织发表了《21世纪的高等教育：展望与行动世界宣言》和《高等教育改革和发展的优先行动框架》两个文件，强调把培养学生的创业技能和创业精神作为高等教育的基本目标。从我国的社会现状来看，虽然改革开放以来，国民经济的快速发展，给社会提供了更多的就业机会，但由于历史上人口政策的原因和就业方面的遗留问题很多，致使失业人口一定程度上还大量地存在，尤其是近年来国企改革减员增效和政府机关裁员分流不断深入，使就业形势更加严峻，给大学生就业也带来了一定程度的冲击。另外，从我国大学生就业政策来看，目前已从传统的国家统包统分，即“毕业—就业”的模式转变为现行的“毕业—自主择业”的模式，这一转变给大学生的就业造成了更大的压力。但从另一种意义上，自主择业为大学生自主创业提供了更多的机会和更加广阔的空间，而且这也是大势所趋，具有更深远的现实意义和历史意义。因此，从国家的大局出发，高校加强对大学生的创业教育，为大学生创业提供了更多的机会和锻炼的舞台。

创业教育是时代赋予高等教育的新任务。随着大学生社会实践活动内容的不断丰富和深入，社会实践已逐步成为创业教育的实践课堂。随着我国高等教育担负起“科技创新”的历史使命后，大学生社会实践被赋予新的功能，即把大学生社会实践作为创业教育的有效途径之一。

大学生社会实践活动从“观察”“体验”到“亲身参与”的发展，反映了大学生社会实践活动由低级向高级的发展。同时也给大学生提供了“创业教育”的实践舞台，打下了创业教育实践的基础。现在大学生社会实践的方式，已逐步由单一的参加生产实践中的体力劳动向结合专业参加专业特色明显的社会实践的转变。如生产劳动、社会调查、技术攻关及管理、法律咨询、休学创业、产学研工程，等等。因此，大学生参加社会实践的过程是把科学研究同经济建设紧密结合的过程，是把科学技术转化为第一生产力的过程，也是创业教育的实践过程。

创业教育实施的最佳途径就是大学生社会实践。大学生通过参加实践活动，运用学习掌握的科学理论知识，分析、解决现代生产实践及其他实践中的实际问题，从中探索未知，获取新知，使学生不仅要通过亲身观察体验来受教育，而且要通过直接参与社会实践来作贡献，并在作贡献的过程中，更深刻地受教育。不仅在社会实践中认识世界，更要在社会实践中改造世界，并且在改造世界的过程中更深刻地认识世界。大学生通过亲身参加社会实践，树立重视知识价值的观点和艰苦创业的观点，增强刻苦钻研现代科学知识的自觉性与主动性，坚定理想、抱负、信念，磨炼意志、毅力。

创业教育就是教会学生逐步具备自己开创业绩的素质、知识和能力等必要条件。创业教育是创业的实习阶段，在创业教育过程中，大学生们将全面理解创业的作用、价值，深刻领会创业的重大意义，从而激发创业意识，自觉地开发创业能力，并从创业成功者的实践中受到启发和教育。通过自己的社会实践的尝试与摸索，逐步具备创业者所需要的敏锐的观察力、丰富的想象力和远见卓识，丰富的知识积累、扎实的业务基础等智力因素，以及创业者的理想、信念、意志、毅力等非智力因素。总之，创业教育是创业的预演，能使学生在走上社会之前接受相关锻炼，逐步完善智力因素和非智力因素达到优化自身素质的目的。

四、推进个体社会化

社会实践活动对大学生的社会化发挥着积极的影响。形式多样、内容丰富的社会实践对大学生的社会化产生着直接和间接的影响，能起到加强社会教化、加速大学生顺利实现社会化的重大作用。在课堂教学之外，大学生参加各种有益的社会实践活动，符合大学生社会化发展规律，有利于发展其个性，促进其个体社会化，完善社会角色。

第一，认识社会，树立科学的人生观。大学生正处于世界观、社会历史观形成的关键阶段，大学生系统的专业训练，对于形成唯物主义的世界观和人生观固然大有帮助。但就目前情况看，在校大学生年龄普遍较小，接触社会的机会不多，社会经验不足，大部分同学对社会的看法简单化、片面化、理想化，影响着科学的世界观和人生观的形成。而要克服这一现象的最佳途径就是让大学生走出校门，深入社会生活，在社会实践中了解社会。

社会实践是大学生了解社会的重要方法。社会实践活动是与学校课堂教学截然不同的新天地，课堂大、老师多，内容丰富，信息畅通，形式多样，生动活泼。大学生走出学校这个相对狭窄的范围，深入实际，接触群众，熟悉社会，投身沸腾的现实生活，从而能够全面了解和认识社会，学到课堂上学不到的东西。社会实践在学生和社会之间开辟了一条通道，为学生的成长提供了条件。他们通过与群众的接触，认识了人民的淳朴善良。通过对城市、农村的参观调查，能具体而真切地了解我国社会的政治经济文化的全方位变迁，把握基本国情，这有利于学生把握社会内在联系和发展规律。

第二，认识自己，摆正社会角色。根据美国心理学家 G.H. 米德的解释，角色是一种行为模式。具体地说是一种符合一个人的社会地位及其权利、义务要求的行为模式。角色代表一种社会期望，社会成员也总是要求自己努力表现出符合这种期望的行为。在校大学生由于各种主客观因素的影响，可能造成一些认识上的偏差，不能准确认识和估价自己，摆不正自己在社会中的位置，弄不清自己的社会角色，突出表现为角色期望值往往太高。另外，社会体制改革的深化和市场经济的完善为个人的自我选择和主体性的发挥提供了广阔的空间。

大学生参加社会实践活动能帮助他们较好地认识自己的社会角色和价值，扮演好自己的角色。因为社会实践活动既适合学生的特点和针对其弱点，又适合学生心理和生理的要求，能帮助他们克服脱离实际和思想偏激的弱点，社会实践活动能调动学生内在的积极因素，他们积极主动、热情高、责任感强，只要引导方法正确，就能促使他们自己教育自己，并开始由社会客体地位向主体地位过渡。作为客体，期望被社会接纳，必须适应社会，这是进入社会角色的前提。大学生参加社会实践时，有一个与他人、与社会在心理上相容、行为上相协调的问题，这就必然促使学生在社会实践活动中自觉而有意识地适应社会，处理好与他人、与社会的关系同时，在社会实践活动中，大学生还能找到“理想中的自我”与“现实中的自我”的差距，并自觉地进行调整，通过主观努力达到角色调适的目的。

总之，大学生参加社会实践活动，一方面有助于学生全面分析社会现实状况与其发展趋势，了解不同社会角色的权利和义务。另一方面有利于学生反观自己的素质、能力、个性特征，把握自己的优势与劣势，综合分析社会角色与个体社会化失衡的调整情况，从而找准自身努力方向，以便较好地达到角色的实现。

第三，提高社交能力，增强生活技能。良好的人际交往和人际关系是事业成功和生活幸福的重要条件。《礼记·学记》中说：“独学而无友，则孤陋而寡闻。”古语曰：“天时不如地利，地利不如人和。”这都说明人际关系对人生、对事业发展的重要性。学会人际交往和正确处理人际关系是大学生社会化的重要任务。

大学生参加社会实践活动，有助于他们正确认识自己，认识社会，认识个人与社会的关系，这为他们良好的人际交往和人际关系奠定了坚实的基础。在社会实践活动中，通过与工农群众的接触，与各种不同角色的人交往，可以取得社会经验，学会待人接物，养成诚实守信、善解人意的优良品质，掌握与人交往的基本原则和基本方法，逐步学会驾驭复杂人际关系的技巧，提高自身的社会交往能力。同时，大学生参加社会实践活动，还能够帮助自身掌握更多的生活技能，完成生活技能的社会化。

五、加强自我教育

自我教育是指教育客体在其主体意识的基础上发挥主体性作用，根据社会及教育者的规范要求，通过自我认识、自我评价、自我监控过程，有目的、有计划地改造和提高自我品质的一种高度自觉的自律活动。在所有的教育中，自我教育才是真正的教育，学生自我品质的提高归根到底取决于受教育者自我教育能力的提高。

大学生通过多年的系统教育，已经具备了一定的理论知识和认识水平。要将获得的理论知识内化为个人品质并外化为日常行为，并不断在更高实践层次上得到提高，离不开社会实践的作用。大学生社会实践作为课堂教育的重要补充，作为理论知识和实践知识的联系纽带，有着实现大学生自我教育的独特功能。具体表现在自我认识、自我检验、自我评价三个方面。

第一，社会实践活动中的自我认识有利于缩短“理想我”和“现实我”的差距。象牙塔中的大学生对自身的人生普遍处于一种非理性的理想状态，与现实自我存在差距。他们都有着一个普遍的困惑：我是怎样的人？我适合做什么？要回答这样的问题，只有走出狭窄的小圈子，参加社会实践，在社会实践中，“理想自我”和“现实自我”不断产生碰撞，现实矛盾的刺激迫使学生将“理想我”从自我中分离出来，通过自我解剖、自我反思，最后作出修正。在亲身参与社会实践过程中得到的教训和认识才是深刻的，实践中碰到的矛盾不断地刺激着主体思索自我、反思自我、完善自我。一次次社会实践得到的自我认识相对客观和真实，不断积累的自我认识将真实的自我勾勒出来，最终帮助学生将“理想我”和“现实我”合为一体，逐步形成健全健康的人格。

第二，实现实践目标的过程是大学生自我检验、自我控制能力不断提高的过程。在社会实践中，大学生在头脑中总是不断将自我活动目的与活动结果进行比较对照，这种过程就是自我检验。实践主体按照原有的实践要求发挥主观能动性，调整甚至改变实践方式和内容，使行动与环境要求相互协调作用，这就是自我教育中的自我控制。学生在社会实践时，一般都离开了自己熟悉的环境，摆脱了原有的角色期待和评价，获得自主发挥大胆尝试的能力来寻找解决问题的途径，社会实践活动往往是以团体合作进行的，因此学生必须学会与他人合作，学会自我克制情绪，必要的时候学会与人妥协，这与凭个人努力就能获得高分的课程学习截然不同，却对大学生自我控制能力的提高大有益处。

第三，社会实践为大学生提供了独特的自我评价机制，帮助学生客观认识自我价值。自我评价是人对自己能力、道德品质、行为以及其他方面的社会价值评估，大学生的阅历和经验有限，对于自身评价往往失之偏颇，学校评价往往以分数论英雄，缺乏系统性和科学性。大学生参加各种社会实践活动时，通过获得的外在信息反向来评价自我，能够更加客观全面地认识自己。社会评价脱去了学校、家庭温存的面纱，对个体综合的素质是一个严峻的考验。偶尔的社会实践体验也许不能全面反映出其知识、能力、个性的全貌，但是多次、不同的实践锻炼积累的评价就会帮助学生走出虚幻的、歪曲的自我评价，回到现实生活，客观、理性地评价自己，在学生时代完成自我价值与社会评估的接轨。在今后的职业生涯中才会避免陷入被动和挫折，从而提前为自我更好地发展创造条件。

第二章　大学生课程学习中的社会实践教育

第一节　课程学习中的社会实践教育的基本内容

一、大学生课程学习中的社会实践教育的含义

教学是人类社会文化发展的必然产物，它和学校相伴而生，它作为文化知识的保存、传递、创造和发展的手段，在整个教育中一直占有着十分重要的地位。甚至在一定意义上“教学”即“教育”的同义词。著名教育学家黄济先生认为：“教学在教育中起着举足轻重的作用，学校必须以教学为主，这是一条不可忽视的历史经验，也可以说是教育中的一条重要的规律。正确地执行它，教育就前进、就发展；错误地执行它或者丢弃它，教育就要遭受挫折和失败。”这些论述充分彰显了教学在教育中的重要地位和作用，进而让我们明确大学生课程学习作为大学教学的重要组成部分，同样在大学教育和大学生成长成才中具有重要而突出的地位，是大学生学习知识、掌握技能、培养品格、陶冶情操、历练精神的重要平台，也应当成为对大学生进行社会实践教育的重要平台。

如何理解大学生课程学习中的社会实践教育？概括地讲，大学生课程学习中的社会实践教育是在课程学习实践性理念的指导下，以教师为主导、以学生为主体、以课程资源为依托、以基础知识和基本技能的“教”与“学”为主要载体展开的促进学生全面发展的对象性活动的总和。它突出了教师和学生的“双主体性”，强调了对丰富课程资源的开发和利用，并要求将社会实践教育落实到“双基”教学（即基础知识和基本技能的“教”与“学”）当中，以“双基”的“教”与“学”为载体，以教师对学生的对象性活动和学生对课程内容的对象性活动为内容，体现社会实践教育的理念、呈现社会实践教育的方式、实现社会实践教育的效果。特别需要指出的是，大学生课程学习中的社会实践教育的“双重对象性活动”即教师对学生、学生对课程内容的对象性活动，具有鲜明的实践性，它反映

了教学活动本身的实践魅力。再加上课程学习外延的广泛性，它不仅涵盖了所有课堂教学活动，还包括了由丰富的课程内容决定了多样化的课程学习方式（其中很多课程本身就是针对性很强的社会实践教育课程），所以，这就凸显了课程学习中社会实践教育活动的广域性、多样性、多维性、复杂性，需要我们深入理解和把握。

二、大学生课程学习中的社会实践教育的多维理解

要把握大学生课程学习中的社会实践教育的基本内容，首先要解决认识论的前提，即对大学生课程学习是否具有实践性和是否具有社会实践教育功能的回答。对这个问题的回答肯定与否直接关系着大学生课程学习中的社会实践教育的成立与否，是否是可研究的真问题。它直接关系着研究的科学性、价值性，影响课程学习中的社会实践教育的展开和大学生社会实践教育体系的建构，并最终影响到大学生的成长成才。我们认为，大学生课程学习具有鲜明的实践性和社会实践教育的功能，是大学生社会实践教育的重要平台。

（一）大学生课程学习的实践性理解

随着课程论的发展，现代课程有不少就是专门的实践课程即以具体的实践活动、方式进行教育，这类课程的实践性具有很强的显示度，容易理解和把握。较之专门的实践课程学习，更多的课程是通过传统的课堂“教”与“学”展开的，我们称为课堂教学，它们不仅是大学生课程学习的主导方式，也是大学生成长成才的主导方式，一定程度上离开课堂教学就无所谓教育。在当下，课堂教学的实践性被忽视甚至无视的现象依然存在，表现为学校层面对一些基础课程、“冷门”课程不投入或压缩投入，认为这些课程只有理论性没有现实的价值性，没有意义，看不到它们的实践价值；教师层面，有些基础理论课教师在教学上动力不足甚至主观排斥，认识不到教学的实践本质和实践价值，甚至看不到自己的教学是一种对象性的活动，是塑造学生的活动，进而陷入意义缺失状态；学生层面，表现为学生学习中强烈的选择性、功利性，对就业有用的技术类课程投入大、很重视，而对基础理论性课程选择性排斥，意识不到它们的实践价值。这些现象都源自对课程学习尤其是课堂教学实践性理解的缺失，甚

至是教育实践性理解的缺失。这个认识上的问题不解决，教学与实践的二分、脱节甚至是替代等问题就得不到根治，教育的生产性就无法彰显，教育的优先发展就要长期受限。因此，大学生课程学习尤其是课堂教学的实践性理解是非常重要的，是本章本课题展开的前提和立论基础。

如何理解大学生课程学习的实践性？

第一，课程学习内容的实践性。课程学习的内容通常可以简单划分理论内容和活动内容，二者都带具有鲜明的实践性。理论内容是人们实践经验的总结和提升，它来源于实践、接受实践的检验并指导实践。活动内容顾名思义是以活动的形式进行的教学，其中具体要达到的教学目标是目的，活动是手段，师生是活动的主体且互为对象，这就构成了一个实践的系统，体现出强烈的实践意蕴。除了教学内容本身的实践性外，教学内容设置和展开的价值定位也体现实践性，即学习理论是为了实践，而开展活动是展开实践。

第二，课程学习本质的实践性。课程学习是双主体的“教”与“学”的活动，其中教师是“教”的主体，学生是“学”的主体，教师的教与学生的学本质上都是对象性活动，具有鲜明的实践性。教师的教以学生为对象，教师教的实践性体现是对学生的认识与改变（包括塑造与改造）是学生新的思想、能力的形成或对原有的超越；学生的学以一定知识、技能为对象，学生学的实践性体现是要掌握一定知识、技能去改变和改造一定客观对象实现学以致用。

第三，课程学习目的的实践性。课程学习既是认识性活动，更是实践性活动，这是由现代教学的目的决定的，更是由中国特色社会主义教育的特殊使命决定的。现代教学的质的规定性，首先在教学目的上体现出来。现代教学逐步地、越来越明确地把个人全面发展或个性发展作为自己的目的。个人全面发展或者说个性发展逐步由理论转化为实践乃是现代教育最基本的特征。现代教学要实现人的全面发展或个性发展，显然仅仅依靠认识性教育是无法实现的，而必须彰显教学的实践性，通过教学实践塑造人、发展人，进而实现教学目的。同时，现代教学的目的体现在中国特色社会主义教育体系上，就是要培养社会主义的合格建设者和可靠接班人，这一远大目标也必须通过教学的实践性来实现。因此，课程学习不能仅仅局限于认识性而忽视实践性，否则教学就会陷于概念化、书本化、教条化而脱离实际，而必须始终明确教学的根本目的是为了实践。

（二）大学生课程学习的社会实践教育功能的多维理解

第一，课程论视野中课程学习的社会实践教育功能的理解——课程学习中的社会实践教育是课程本身的内在意蕴。对于课程，从不同角度可以对其作不同分类，一般来说有三种课程分类具有较高的认同度：第一种是按课程的表现形式划分，为显性课程与隐性课程；第二种是按课程的内容划分，为分科课程与活动课程；第三种是按课程的涵盖范围划分，为核心课程与外围课程。这几种课程无好坏之分、优劣之别，它们在学校课程中各占据着不同的位置，起着相互补充的作用。

从这些课程类型中，我们不难看出课程分类本身不强调了课程呈现方式的不同，更突出了课程目标的不同。如隐性课程是学校情境中以间接的、内隐的方式呈现的课程，它强调的是学生在学校情境中无意识获得的经验，而在课程目标上它要达到的是让学生“在做中学”“在生活中学”“在体验中学”，而不是显性课程通常所要达到的从老师那学、从书本中学。“在做中学”“在生活中学”“在体验中学”等隐性课程目标，凸显了学生对课程的高度参与性、自主性和实践性，简而言之就是在生活实践中潜移默化地进行课程学习，这种课程学习能够发挥对学生进行社会实践教育的功能是显而易见的。再以活动课程为例，活动课程（activity curriculum）与分科课程相对，它是打破学科逻辑组织的界限，以学生的兴趣、需要和能力为基础，通过学生自己组织的一系列活动而实施的课程，它也常常被称为“经验课程”。这种课程充分彰显了课程本身的实践性，赋予学生高度的自主性，带有明显的社会实践教育的意蕴。从以上举例中我们不难看到，很多课程本身就是对学生进行社会实践教育的课程，自然具有直接的社会实践教育的功能。其他课程作用于学生主体，势必也对学生发挥间接的社会实践教育的功能。

第二，实践观指导下课程学习的社会实践教育功能的理解——课程学习中的社会实践教育是课程实践的题中之意。马克思主义的实践观认为，实践是主体和客体之间能动而现实的双向对象化过程，是人的客观的、感性的活动，是人和人类社会存在的方式。人以实践作为存在方式意义在于，他在任何时候任何情况下都不会保持不变，都会不断地创造新的自我和自己的世界。教育，无论我们把它看成是一种人的社会化活动，还是一种人格提升行动，都是在师生相互影响、相互创造的对象化活动中发生的，在本质上也是一种不断超越人的自然性和给定性，创造人的新的规定性的一种活动。所以，教育具有实践的本质特征，完全可以看作是一种实践活动，看作人的一种存在方式，而不是看作某种工具。教育的功能是由课程活动承担的，教育的目的是通过课程实践而实现的，教育的本质特征也通过课程实践而表现出来。大学生课程学习是重要的课程实践活动，课程学习中既有教师与学生“主体—主体”（即教育主体—学习主体）的实践活动，也有学生与课程“主体—客体”的实践活动，同时还有学生与学生之间的交往实践。因而大学生课程学习本身是由多种实践活动构成的实践，每个学生都是实践的主体，都是课程实践的推动者，并在实践中培育和展现着自身的主体性。这个课程实践的过程无疑也是进行大学生社会实践教育的过程，是不断发挥社会实践教育功能的过程。

第三，认识和实践的具体的历史的统一与课程学习的社会实践教育功能的理解——课程学习中的社会实践教育是认识与实践辩证关系的必然要求。实践，认识、再实践、再认识……作为认识辩证运动的全过程，体现了主观和客观、认识和实践的具体的历史的统一。主观和客观的矛盾，是认识辩证运动过程的基本矛盾。这一矛盾是在实践的基础上产生的，又在实践中得到解决。认识是主观反映客观，实践使主观见之于客观。如何达到认识和实践的具体的历史的统一，要一切从实际出发，理论联系实际，在实践中检验真理和发展真理。大学生课程学习的过程也是一个认识辩证运动的过程。教师为主导的“教”和学生为主体的“学”，“基本知识和基本技能”的传授和学习，无不在追求着认识和实践的具体的历史的统一。而这个追求的过程就是一个不断的实践的过程，具体表现为：其一，教师的“教”必须理论联系实际，才能将理论讲彻底，才能贴近学生，为学生所欢迎。而且理论本身来源于实际，只有用实践的眼光把握过去的产生理论的实际，才能把握理论的渊源和本质。因此，教师“教”的方式和内容都是实践的方式和内容。其二，学生的“学”要深刻，要管用，也必须理论联系实际，“学以致用”，在课程学习中以实践的方式认识理论，在认识过程中思考怎么做，所谓“在学中做”，进而形成实践的思维，习得实践的方法。因而，要实现课程学习中认识和实践的具体的历史的统一，必然要求在课程学习中运用实践的意识、采取实践的方式、呈现实践的行为，进而凸显社会实践教育的意蕴和功能。

第四，系统科学视域下课程学习的社会实践教育功能的理解——课程学习中的社会实践教育应进行系统的理解和思考。系统科学认为元素（人文社会系统一般无法划分出彼此界限分明的元素，称为要素更适宜）、结构、环境共同决定系统的功能。设计或组建具有特定功能的系统，须选择具有必要性能的元素，选择最佳的结构方案，还要选择或创造适当的环境条件。同时系统科学还认为，系统是一切事物的存在方式，给定要素和结构就能给定一个系统。课程学习中的社会实践教育也可以看成是系统的存在，这一系统的主要要素是教师、学生和其他课程资源（教师和学生通常被认为是最主要的课程资源），结构方式是各种课程学习模式、方法等，这一系统要发挥的特定功能是对大学生进行社会实践教育。于是，如何理解和发挥课程学习的社会实践教育功能，就需要从要素、结构、环境几个方面对课程学习中的社会实践教育系统进行解读。首先，从要素方面来看。课程学习中的社会实践教育系统的核心要素是作为主导的教师和作为主体的学生，要素的性能影响系统的功能，因而教师和学生是否具备在课程学习中进行社会实践教育的“性能”对整个系统功能的实现至关重要。而事实上我们可以基本判定，只要教师和学生具备强烈的社会实践教育的意识和一定的相关能力，要素就能满足系统的“性能”要求。其次，从结构方面来看。教师、学生和其他课程资源通过何种教学方式联系起来，事关系统功能的发挥。如果教师对学生只是“填鸭式”知识硬灌，学生只是对知识死记硬背应付考试，这种课程学习方式的社会实践教育意义可能就微乎其微。反之如果能采取灵活多样、突出学生主体性和实践性的教学方式，运用发挥系统社会实践教育功能需要的教学方式，那无疑就能较好地实现系统功能。再次，从环境方面来看。课程学习中的社会实践教育系统的运行环境有宏观的社会环境、中观的学校环境和微观的课堂环境组成。环境是制约系统功能发挥的重要方面，如果社会、学校都积极倡导和大力支持大学生社会实践教育，并对课程学习平台上的社会实践教育予以理解和支持，再配合微观环境的营造，那对推动课程学习中社会实践教育功能的发挥是积极有益的。

综上所述，系统科学视域下课程学习是否能够发挥社会实践教育的功能？是否能够承担社会实践教育的重任？这些问题已然不成为问题。因为答案是肯定的，而关键在于怎么从要素、结构、环境几个方面去设计和建构具有社会实践教育功能的系统，因而问题又简化为“不是能不能的问题，而是愿不愿意和如何去做的问题”。事实上也是如此，在课程学习中进行社会实践教育，在社会和学校都积极倡导并支持加强和改进大学生社会实践教育的背景下，只要教师的“教”和学生的“学”以合理的结构方式呈现出来，课程学习中的社会实践教育便是现实的、可行的。

三、大学生课程学习中的社会实践教育的地位和作用

以上我们从多个维度对大学生课程学习中的社会实践教育进行了理解，这种理解不仅是认识上的一种明晰，更是对大学生课程学习中社会实践教育的存在的一种论证。这无疑是展开本章论述的前提性问题，自然也是探讨地位和作用问题的前提。地位和作用的探讨实质上是定位问题，地位和作用是定位的依据。要给大学生课程学习中的社会实践教育定位（包括后续章节中对大学生校园活动中的社会实践教育和校外社会实践教育的定位）首先需要确定在什么空间定位，而在大学生社会实践教育体系中的定位无疑是首当其冲的。为此我们首先讨论大学生社会实践教育体系的建构，接着论述大学生课程学习中的社会实践教育的地位和作用问题。

（一）大学生社会实践教育的体系建构

课程学习中、校园活动中以及校外的社会实践教育构成的大学生社会实践教育体系，是新时期加强和改进大学生社会实践教育的有力体系。这个体系最大的特点在于突出的资源意识、明确的层次划分、强大的整合效应。

第一，突出的资源意识。当前大学生社会实践教育存在的最突出的问题是资源不足的问题，无论是参与度不高、普及面不宽、支持力度有限、经常性不够等问题都与资源密切相关，因为资源的有限性，导致有限参与、有限支持、有限次数、甚至有限重视。于是学校呼吁政府投入、倡导社会重视，教育部门要求学校高度重视和投入等现象都在资源问题上交集形成焦点。我们知道资源相对于人类的无限需求而言总是有限的，比有限的资源更可怕的是有限的资源意识，资源意识的有限性必然导致资源的有

限性。因此，重新树立正确的资源意识是解决有限资源问题的当务之急。本书所建构的大学生社会实践教育体系，注重现有资源的开发、整合和利用，把丰富的课程资源和多样的校园活动资源都纳入到社会实践教育的体系中，较之单纯地依赖学校的专门投入和校外社会资源而言，无疑在资源意识上是突出的。

第二，明确的层次划分。课程学习、校园活动和校外活动是大学生实践活动的不同舞台，在不同的舞台中大学生们进行着不同的舞蹈，体验着不同的社会实践教育方式。这三大舞台特征分明，因而呈现出较大的差异性，依据差异性进行了明确的层次划分，进而使社会实践教育的各个层次各司其职、各具特色、各显神通，有利于各个舞台自身功能的强化，进而为整体功能的强化打下基础。

第三，强大的整合效应。是否有效是检验大学生社会实践教育体系的“试金石”，本书所建构的由三大舞台组成的社会实践教育体系的有效性表现为强大的整合效应。这种整合是差异的整合，是不同层次的社会实践教育在共同目标下的有机联系、相互影响、相互作用而实现的整合。它们的共同目标是大学生社会实践能力的培育，是大学生的成长成才和全面发展，为着这一目标，课程学习中、校园活动中以及校外的社会实践教育之间相互关联、相互作用。课程学习环节是起始环节，为后两个环节提供基础、准备和指导；校园活动环节是中间环节，它既是课程学习环节的延伸，又是校外环节的演练和特别形态；校外环节是检验和加强环节，它并不是社会实践教育的终了，它除了检验和加强外还承担反馈的任务，它将信息反馈到课程学习中，进而有针对性地加强和改进社会实践教育。于是各个环节构成了有始而无终的循环的体系。

（二）大学生课程学习中的社会实践教育的地位和作用

大学生课程学习中的社会实践教育的地位和作用不仅体现在大学生社会实践教育体系中，而且还体现在大学生的课程学习和成长成才中。具体表现为如下。

第一，作为大学生社会实践教育体系的首要环节，它为校园活动中的社会实践教育和校外社会实践教育提供意识前提、知识和理论基础、技能和方法准备以及有力的精神支持。之所以把课程学习中的社会实践教育作为大学生社会实践教育体系的首要环节，是由它本身的强大的功能性和大学生社会实践教育展开的逻辑顺序决定的。作为大学生社会实践教育体系起始环节、首要环节，大学生课程学习中社会实践教育承担着众多任务，具体表现在：首先，提供意识前提。社会实践意识对社会实践行为具有先导作用，有无意识和意识强弱对社会实践活动的开展和效果的取得具有至关重要的作用，所谓“观念决定成败”，意识前提也在一定程度上对社会实践教育起着决定作用。其次，提供知识和理论基础。大学生的社会实践与其他人群的社会实践应当有所不同，大学生是高知群体，他们的知识和理论水准决定着他们开展社会实践活动的与众不同，势必将知识和理论渗透其中，展现出大学生社会实践的独特风采。因此，大学生的社会实践是具有深厚知识和理论基础的社会实践，而这一基础的取得主要来源于课程学习。再次，提供技能和方法准备。实践是主观见之于客观的活动，是主体运用一定手段作用于客体进而实现目的的活动。大学生涉世不深，参与社会实践的程度不够，经验、技能和方法都不足，因此，提供技能和方法的准备是社会实践教育应承担的任务。而技能和方法学习的重要方式是课程学习，从教师那学、从课程中学。最后，提供有力的精神支持。大学生社会实践教育是个长期的过程，这个过程中大学生不仅需要知识和技能的支撑，还特别需要精神的支撑，这种精神支撑主要来自课程学习中教师的精神导引、感染和课程中精神资源的滋养。

第二，作为学校教育资源的“集大成者”，它有利于发挥资源优势，充分利用课程资源，提升大学生社会实践教育的广度和深度。教学是人类社会文化发展的必然产物，它和学校相伴而生，它作为文化知识的保存、传递、创造和发展的手段，在整个教育中一直占有着十分重要的地位。甚至在一定意义上“教学”即“教育”的同义词。著名教育学家黄济先生认为：“教学在教育中起着举足轻重的作用，‘学校必须以教学为主’，这是一条不可忽视的历史经验，也可以说是教育中的一条重要的规律。正确地执行它，教育就前进、就发展；错误地执行它或者丢弃它，教育就要遭受挫折和失败。”教学在教育中举足轻重的地位使得学校自然地将大量教育资源投入其中，而课程学习作为教学中的重点，无疑是教育资源的“集大成者”，这反映了大学生课程学习在学校教育中的重要地位。于是，大学生课程学习中的社会实践教育，因课程资源的丰富性而具备了较之其他两个平台的社会实践教育的资源优势，这种资源优势无疑对提升大学生社会实践教育的广度和深度具有重要作用。具体表现为：广度上，任何一个大学生都要进行课程学习，修满学分才能毕业，这就保证了每个学生都能够参与并接受课程学习中的社会实践教育，在广度上覆盖所有学生。深度上，课程学习贯穿大学教育整个过程，占用学生大部分的时间和精力，不同的教师，不同的课程以不同的方式在不同的阶段对学生进行反复的实践教育。这种反复的经常性的社会实践教育，势必对推动教育的深入具有积极作用。

第三，作为课程学习中社会实践教育本身，它对促进课程学习的创新和发展，对大学生的成长成才具有重要作用。大学生课程学习是师生互动的过程，也是“教”与“学”相长的过程。在课程学习中确立社会实践教育的理念，深入开展社会实践教育的活动，对教师是一种挑战。它要求教师具备更高的素质，具备更强的能力，具备全面的“传道授业解惑”的本领。较之单纯的知识教育，较之简单的教师讲学生听的教学方式，更能够体现社会实践教育功能的课程学习无疑是对课程学习本身的一种变革，这种变革势必带来教师队伍的成长，带来课程学习的创新和发展，进而带来学校教育的创新和发展。当然，无论是课程学习中的社会实践教育的展开，还是课程学习的创新和发展的实现，抑或是学校教育新纪元的到来，它们的价值归宿都是统一的，即统一于学生的成长成才，统一于培养中国特色社会主义事业的合格建设者和可靠接班人。因此，促进大学生的成长成才和全面发展是课程学习中的社会实践教育的根本作用所在。这种作用表现在有助于学生更主动、更深入地学习和掌握知识、技能；有助于社会实践能力的培养；有助于学生品格的培养和人格的提升；有助于培养学生整合知识的能力和创新能力等方面。

（三）大学生课程学习中社会实践教育的系统优化

如前所述，系统论视野下大学生课程学习中的社会实践教育是一个系统的存在，我们要加强和改进社会实践教育，要通过增强系统的社会实践教育功能来实现。为此，我们要从要素、结构、环境三个方面对系统进行优化。在要素方面，要加强教师队伍建设，增强教师社会实践教育的意识和能力。同时注意培养学生的社会实践教育意识和学习主体意识，更多地开发社会实践教育意义大的课程资源，提高课程的吸引力、参与度，充分发挥学生的主体性。进而达到强化要素性能的目的。在结构方面，要求不断改革和创新课程学习的方式，突出教学中学生的实践，尊重学生的主体地位，发挥学生的主体作用，实现教师的主导作用与学生的主体作用的有机结合。在环境方面，要继续在社会上倡导对大学生成长成才的关爱，呼吁社会为大学生开展社会实践活动提供必要的帮助和支持，形成全社会都关心大学生社会实践教育、关心大学生成长成才的积极氛围。继续在学校明确加强和改进大学生社会实践教育的要求，并催促其积极落实，加强对大学生社会实践教育的研究和创新，加大对大学生社会实践教育的投入，进而营造良好的学校氛围。另外，微观的某个学生行政单位或授课课堂也要注意氛围的营造。因此，优化大学生课程学习中的社会实践教育系统的努力方向是明确的，借助系统论的视野有利于我们从要素、结构、环境三个方面明晰如何切实加强和改进大学生课程学习中的社会实践教育。

系统优化的要求是容易明确的，但如何优化系统？如何切实加强和改进大学生课程学习中的社会实践教育？则需要进一步深入地研究和探讨。结合当前的实际，要素、环境是目前大学生课程学习中社会实践教育系统的相对既定的部分，我们面对的是在现有教师队伍、学生群体和现存社会、学校环境下如何加强和改进大学生社会实践教育的问题，它们的既定性决定了在要素、环境方面创新空间的有限性。因此，我们优化的重点在于结构，结构创新是当务之急也是重中之重。结构创新实际上是大学生课程学习中社会实践教育的实现方式问题，也是接下来要深入讨论的问题。

第二节　课程学习中的社会实践教育的主要方式

大学生课程学习中的社会实践教育是通过课程的“教”与“学”实现的，是围绕“教什么和学什么”“怎么教和怎么学”所展开的实践教育活动。这种实践教育活动效果的实现除了前文所述的要素和环境的配合外，主要取决于实践教育的方式，即主要取决于课程和接受课程的主体之间的活动展开方式，也即教师和学生、教师和课程、学生和课程、学生和学生之间的活动。因此，大学生课程学习中的社会实践教育的重点是创新课程学习方式，实现课程的目标和价值。它内在地提出了如何通过课程学习中理论与实践相结合、教师主导与学生主体相结合、专业学习和综合学习相结合、知识学习和技能训练相结合等方面来实现课程的目标和价值。本课题立足于方式的梳理和创新，将大学生课程学习中的社会实践教育区分为课堂实践教育、专业实践教育和综合实践教育三种类型进行探讨。

一、课堂实践教育

课堂实践教育是根据课程性质以及相应的教学内容确定的一系列实践教学环节，它是在教师的指导或引导下，通过学生亲身参与而产生直接感知的学习、研究和实践过程相结合的动态性教学过程。它主要围绕课程进行，包括各种感知性实践活动，如讨论、辩论、案例教学、教学录像、模拟教学，甚至包括人们一般认为的区别于传统课堂教学的社会实践活动，如现场教学、网上实践等。课堂实践教育的实质在于“课堂”，这课堂或许在教室里、学校内，或许在校外或某个企业、工厂或基地，但这一系列实践教育都隶属于课堂、是该课程的有机组成部分，其设计、实施都是为了增强学生对课程系统知识的掌握和对基本观念、问题的理解能力，归根到底是为这门课程服务的。

（一）课堂讨论与辩论

课堂中的学生讨论和辩论是最常见、可行性最高的一种课堂实践教育方式。它是在教学中设置问题或案例，通过学生自己提出问题、分析问题，在观点交流碰撞中深化对课程内容的理解和认识。讨论和辩论作为一种互动方式可以是多元的，可以是自由论坛方式，可以是课堂辩论式或即兴演讲式，也可作为其他教学方式的组成部分。

第一，课堂讨论。课堂讨论要求学生在大量参考资料的基础上，运用科学的方法，通过比较、分析和思考，学会客观、全面、立体地解析问题，这是实践教学的重要方式之一。课堂讨论的关键在于设计出好的讨论题目，可以是有争论的学术问题，也可以是结合现实问题、热点问题或是进行横向、纵向比较的题目，关键在于让学生在准备讨论或辩论的过程中，自己主动学习、查找资料、思考问题，激励学生用自己的头脑亲自获取知识。一次好的课堂讨论是引导学生去发现、去研究的过程，是充分发挥学生主体性的实践过程。教师采用这种模式有利于调动学生主动参与课堂中各教学环节的积极性，使原本教育者希望灌输给学生的书本上的知识体系成为学生主动探询、发现、学习并自觉运用的活的、实践的知识体系。同时通过学生的讨论，有利于教师更多更好地了解到学生的学习状况、思想心态和思维方式，就可以有的放矢地组织和安排课程的教学内容，实现教学目标。教师在课堂讨论中扮演着组织者的角色，要注意讨论的设计、引导和总结升华。

第二，课堂辩论。课堂辩论是课堂讨论的一种特殊形式，在社科类课程的教学中有特殊的教学效果。在课堂中的辩论既可以采用正式辩论赛的方式与形式，也可以根据课程的内容或课堂的具体情况略做变通。辩论赛制的具体规则多种多样，可以根据学生实际情况或课程内容要求适当调整规则，比如增加针锋相对的盘问、攻辩时间，或需要准备规范陈词观点阐述时间，或延长自由辩论阶段的时间等等。这样，通过辩论式的交流讨论，既能促进观点思想交流，增强学生对所学内容的理解和掌握，又能增强学生的胆识和自信，锻炼和提高学生的表达能力、思维能力等多种素质。

（二）案例教学

案例教学法是指根据教学目标和内容的要求，把教学内容编写成案例形式，在教师的指导下，组织学生学习、研究、锻炼能力的教学方法。这是一种由学生对选定的具有代表性的典型案例进行有针对性的分析、审理和讨论作出自己的判断和评价的教学方法，是一种具有启发性、实践性、能开发学生思维能力，提高学生判断能力、决策能力和综合素质的新型教学方法。它源于20世纪初的哈佛大学商学院，我国于20世纪80年代初引入教学中。它有如下特点：

第一，更加注重能力培养。案例教学法具有真实性、典型性、实践性和针对性，能够帮助学生在校学习期间积累部分实践经验。案例教学法中的“做中学”还可以指导学生如何做，培养学生的实际工作能力。案例教学法不寻找唯一答案，重视的是实践的过程，是“授之以渔”的教学方法。

第二，“以人为本”。案例教学法则要求发挥老师和学生的主体作用，即“以人为本”，侧重于学生的主动学习。在案例教学中，教师的角色是导演，指导实践的全过程，通过授课前有针对性地选择案例，在课堂上与学生一起实践、讨论，引导学生发现问题和寻找解决问题的方法，让每一个学生的才智得到充分发挥，最后对整个实践过程进行总结评价。

第三，趣味性与体验式相结合。一般情况下，根据教学计划的安排，各专业本科学生在校学习初期首先比较系统地学习本学科基础理论知识，然后慢慢进入专业学习阶段。但是系统理论的学习常常因为其基础性和经典性显得枯燥而使学生厌烦，导致理论知识学习不扎实，甚至逐渐对专业迷失方向。因此，以生动的、贴近现实的案例开展教学能有效激发学生的学习兴趣和学习动力，不仅使他们意识到理论学习的重要性，而且通过实际案例运用和掌握知识，积累实践经验。

现在，案例教学法不仅适用于社会科学类的专业，在自然科学类的专业中也得到大量应用。因为它把学生作为教学中心，不但重视知识的传授，而且更重视知识的应用，特别强调学生内在素质和能力的培养。案例教学法只是教学方法中的一种，要更充分地发挥案例教学的作用，必须与其他的教学方法如讨论、辩论、模拟教学等方式相配合。

（三）教学录像

从狭义上说，教学录像是多媒体教学的一种类型，是指根据课程内容制作的录像教材，或选择的相关音像资料。从广义上看，教学录像在形式上经过了一个漫长的探索过程：从幻灯影片，录影带，激光影碟（VCD、DVD），超媒体卡系统到目前的多媒体编著工具都可以归于教学录像。

教学录像的优点非常明显。首先，教学录像能满足教学的直观要求。虽然教学录像形式各异，但它们都能突破教学内容在时间和空间上的限制，能将事件生动再现于眼前，也能将纷繁复杂的事物微缩于一组画面；同时又能通过色彩、影像、声音、动画等形式刺激学生多重感观，引起其兴趣，吸引其注意力，有利于学生接受信息。其次，教学录像特别是录像教材是教学内容和知识的有效载体。录像教材是根据课程内容精心制作的集教学性、科学性、思想性与艺术性于一体的音像资料，通过教学录像，学生不仅容易形成直观感受，更能获得知识上的满足。

教学录像既是一种独立的课堂实践教育方式，又在与其他课堂实践教育方式的综合运用中发挥着重要作用。教学录像经常作为课堂讨论、辩论的对象，也是案例教学、模拟教学中常用的素材，或是在现场教学中作为概括性介绍出现等等。可见，恰当使用教学录像这一实践手段辅助课堂教学，既能够丰富教学内容、拓展学生的视野、集中学生的注意力，又可以激发学生学习的兴趣、突出教学重点、突破教学难点和加深对教材的理解，优化整个教学过程，大大提高课堂教学效果。正确地使用教学录像，首先要遵循课堂教学的普遍规律，充分发挥教师的作用，坚持以授课教师为主导，以学生为主体的原则。其次，课堂采用的录像内容必须经过精心筛选，针对不同教学内容、采用适当录像手段，利用教学录像的直观性来突破难点、掌握重点，达到加深对课程内容理解的目的。

（四）现场教学

现场教学即通过实地参观、考察和教师讲解、点评与讲授相结合的方式，拓展教学途径，加深学生的感性认识从而提升对理论的理解的一种教学方式。现场教学可以弥补在课堂教学中学生缺乏的直观的感性知识和缺乏现场体验的不足。从形式上看，现场教学与参观访问、调查等社会实践类似，都是到实地，通过参观的方式加深学生对实际问题的了解。但与社会实践不同的是，所有现场教学都要根据教学大纲和教材内容的需要进行，是精心设计的一堂课，其实质是把课堂从教室搬到了生动的现场。在现场教学中，教师围绕课堂教学目标和内容安排参观考察项目，或请当地相关人员或从不同角度、以不同身份来讲解，并提出问题让学生观察、分析和思考。最后由带队教师联系学生的感受和认识，根据课程内容进行讲授，做现场点评，并做最后的扼要总结，使学生进一步理解课程相关理论知识。这种方式不仅拓展了教学的空间，更把客观的社会实际与书本、课堂的理论更紧密地结合起来，课堂教学与实践教学不再是单纯的谁主谁辅的关系，而是相辅相成融为一体。

从现场教学的形式来看，可以分为生产实践性的现场教学、见习参与性的现场教学和参观访问性的现场教学。现场教学的具体实施要准备充分，考虑周全。其一，实施现场教学首先要做到两个熟悉：熟悉教材，熟悉“现场”；其二，要维持好现场教学的秩序，保证现场教学的正常进行；其三，要注意向学生提问和回答学生的问题，调动学生的学习积极性和培养学生独立思考的能力。组织现场教学的老师要有较丰富的实践经验才能将书本内容和现场教学情况紧密结合，获得好的教学效果。

总之，现场教学不因改变了授课环境而改变其课堂实践教学的性质，但是与其他课堂实践教育方式相比，现场教学的适用有较大限制。一是要求就近，即一般要求学校附近有稳定的实践教育基地或已建立社会实践基地关系的适宜于做现场教学的对象；二是要求典型性，即作为现场教学的基地或场所应有特色或者专业性强，典型意义突出，以便于与课堂内容及时结合。可见，即使是各种符合授课条件的现场也并不是专门为教学服务的场所，受到时间和其他条件的限制。

（五）模拟教学

模拟教学法是情景教学法中的一种，是指通过对事件或事务发生与发展的环境、过程的模拟或虚拟再现，让受教育者理解教学内容，进而在短时间内提高能力的一种教学方法。它通过在教学活动中有目的地自觉创设形象、生动的场景，使学生获得直接情景气氛的感染，从而有效地帮助学生理解教学内容。

模拟教学法具有科学性、实用性、经济性等特点，可有效解决某些理论原理难以形象化讲授、某些课题知识点难以通过实践加以验证的问题。在模拟教学中，由于教学环境与过程比较接近事件或事务发生的真实情景，有利于提高受教育者的形象思维能力，能够让受教育者在角色演练中体会到某些角色（岗位）的地位、作用、处境、工作要领；同时，受教育者可以通过模拟事件发生、发展的每个环节，发现自己的创新潜能，找出自己能力上的不足，从而增强对实际问题的预测与处理能力，并从模拟演练活动得出的结果或结论中领悟到事件或事务的发展演变规律。

模拟教学的操作方式主要有三种：一是使用教学器材展开模拟教学。使用模拟教学器材进行教学，能把讲解要领、实际操作、验证效果等教学环节有机地结合起来，有效解决受教育者不能及时将所学（练）技能自检的难题，增强了教学的仿真程度。二是通过角色演练展开模拟教学，主要是根据模拟演练方案中确定的角色、任务、时间、步骤、背景等，实施人工演练。通过让学生在一定背景下进行情景模拟，能使学生体会到一个角色所代表的实际岗位的地位、作用、环境、遇到的问题及其解决方法。三是借助计算机辅助系统展开模拟教学，即借助于计算机软件环境或网络环境展开模拟教学，它是建立在相似理论、计算机技术、控制理论、系统工程基础上的一种先进的现代模拟方式。

模拟教学的实施要求比较严格。首先，要准确定位教学目标。应把缩短理论与实际的差距作为运用模拟手段的指导思想，把培养和开发受教育者的思维能力、提高受教育者分析与解决实际问题的能力作为教学目标。其次，教学准备要充分周密。教师在课前必须熟悉模拟事件涉及的基本理论、正确方法、一般发生过程，能够预见到模拟演练展开后可能出现的思想分歧、不同结论和有关困难，仔细分析不同角色的地位、作用、处境及应当具有的能力。再次，要科学设计教学环节。内容完整、步骤规范的模拟教学，应当包括设计模拟教学方案、准备模拟场地与器材、公布模拟课题与背景资料、分配模拟角色与演练任务、模拟演练准备、模拟演练实施、模拟效果（结论）验证、任课教师讲评、组织撰写模拟演练报告九个环节。

二、专业实践教育

专业实践教育是在对学生进行专业基础知识教育的前提下，通过各种实践性的手段对学生进行强化训练，理论联系实际，使学生获得在实际生活中熟练地运用专业知识和专业技能去观察问题、发现问题、分析问题和解决问题的能力。它是本科教育的基本组成部分，是学生在完成了本专业基础理论的学习之后开展的又一个重要教学实践环节。通过实验、课程设计、专业实习等专业实践教育方式，达到以下目的：一是巩固教学成果——加深学生对专业基础理论的认识和把握；二是强化技能训练——使学生熟练地掌握和运用专业化的技术方法；三是培育专业思维——使学生建立起坚实的专业素质基础；四是提高创新能力——在实践中培养和提高学生的创新能力。

（一）实验与专题调查

第一，实验。实验（专题调查）是大学生专业实践教育的重要环节。学生在实验教学（专题调查）中逐步锻炼并掌握观察能力、实验操作能力（社会调查方法）、思维能力等，以形成对本专业的初步研究能力。通常对于理工科类专业的学生来说实验性学科尤其重要，而在社科类专业当中根据学科性质也会开展与课程内容密切相关的社会实践和专题调查。

实验设计和组织的过程中，要特别注重实验的探究性和参与性。

所谓探究性实验，是指学生在不知道实验结果的前提下，通过设计一系列的实验并付诸实践，根据实验现象或实验结论进行严密推理来分析解决问题的一种实验方法。所谓参与性是指应确保每个学生都积极参与，可以采用轮换的方法，积极倡导学生间的合作学习。

第二，专题调查。专题调查研究是一种实证研究方法，是社会学的一种经典研究方法，因而通常也称为“社会调查法”，是指在一定科学思想的指导下，研究者通过运用一定的手段，向社会有关人员了解某种社会现象的状况，在搜集关于社会现象及其状况数据的基础上，分析社会现象问题的一种研究方法。专题调查一般结合课程学习和课程论文工作进行，既可以安排在平时，也可以放到寒暑假和节假日，既可以分散进行也可以集中组织。但无论哪方面的社会调查，都应该有明确的对象和内容，并且应注重对学生的指导，此外还要注意考核和检查，才不至于流于形式，收到实效。

专项调查研究的实施主要包括制订专项调查研究计划、设计专项调查问卷或访谈提纲、整理与分析专项调查数据并撰写调查研究报告三个部分。专项调查研究计划主要包括三个方面：一是提出并确定调查研究的课题，明确调查的目的和任务；二是确定专项调查对象和专项调查方式；三是准备必要的调查工具。

作为专业实践活动，学生开展专项调查研究，目的不在于学习或学会调查研究方法本身，而在于通过调查研究，走进社会，接触社会，了解社会，提高对他们感兴趣的社会要素、社会关系、社会现象、社会结构和社会活动的整体认识；在于通过调查研究活动，培养学生的综合能力，发展实践能力。因此，在调查研究活动的指导过程中，指导教师还应注意有意识地培养学生实事求是科学态度，增强学生对社会的责任感。

（二）课程设计

所谓课程设计，是指围绕一门主要基础课或专业课，运用所学课程的知识，结合实际应用设计而进行的一次综合分析设计能力的训练。它是实现学生专业理论与实践相结合的关键性一环，旨在培养学生在本课程范围内，初步掌握解决实际应用问题时所应具备的查阅资料、综合运用所学知识的能力，为毕业设计及今后从事专业工作打下基础。在当前的课堂实践教育中，课程设计主要是工科各专业的核心实践性教学环节之一，但在其他学科中也有不少课程根据自身的内容和特点开展或尝试借鉴课程设计这一实践教育环节。

课程设计在课程的各教学环节（课堂教学和实验）之后进行，一般在学生通过两年的基础课和专业基础课的学习后进入专业课的学习阶段中开展，与综合实践教育特别是毕业设计相比，其内容的复杂性和工作量适中，主要以该专业基础课或专业方向课的理论和知识为基础，通过课程设计使学生进一步熟悉所学内容，学习利用所学知识和技能处理实际问题，并利用设计过程学会比较深入地剖析实际问题的方法。因此，该课程的理论教学是课程设计的基础，同时课程设计又将为其他专业实践教育方式和毕业设计等综合实践教育方式打下基础。

课程设计内容一般包括选题、设计计划书的制定、实际任务书的下达、设计指导书的编写、设计内容的完成（计算、编程或制作等）及设计总结报告和答辩。其中设计方案和设计过程是整个课程设计成功与否的关键。首先，从设计方案来说，课程设计的选题非常重要，好的选题是实现教学目标的关键。课程设计选题必须要密切结合教学内容和生产实践，根据实际情况及可能达到的水平进行选题。从实践效果来看，学生进行课程设计不仅有利于提高其对理论知识的掌握，还有利于提高学生的创造能力和工程实践能力。进入高年级后，学生接触最多的是专业基础课，但在课堂上他们掌握的仅仅是专业基础课的理论面，如何去锻炼他们的实践面？如何把他们学到的专业基础理论知识用到实践中去呢？做类似大作业式的课程设计就为这种知识转化提供了良好的实践平台。有些学科和专业的课程设计更是以小组为单位，培养学生的"大工程"观，同时锻炼了学生的分工合作的协调性和团队合作精神。

（三）专业实习

实习是学生理论联系实际、培养实践能力的重要途径，可以分为专业实习和毕业实习两部分。专业实习也称为专业技能实践，是指学生学完若干专业课之后在课程实践（实验、课程设计）之外分阶段独立开设的综合性强、规模稍大的专业实践。简言之，它是结合专业教学进行的劳动实践和专业实践，如生产实习、金工实习、专业基础实践、专业技能实践、学年论文等，一般安排在大三和大四上三个学期内完成。而毕业实习是组织学生直接到毕业实习单位进行实习，进一步提高学生科研能力和实际工作能力，为学生走上社会和工作岗位做准备，一般安排在大四下学期。因此，一般把专业实习归属于专业实践教育，而把毕业实习归属于综合实践教育。

专业实习的种类从不同的角度有多种划分。从实习内容划分，专业实习可分为专业基础实践和专业技能实践两种类型。专业基础实践是指结合专业特点和学校特色而开发设置的若干实践，一般安排在大三和大四上三个学期内完成。如微机的装配维修和营销、企业网络系统的构建与维护、企业信息化项目的组织管理与策划、软件营销等。专业技能实践是指学生直接参加校内外的与专业相关的项目或活动，融合专业知识、提高综合能力。如管理咨询、系统设计、网站开发等，一般安排在大三大四的假期进行。从实习地点划分，专业实习可分为校内和校外两种类型。以理工科院校为例，组织学生在校办工厂进行与本专业学习内容相关或相近并且能够提高大学生专业技能的实习，属于校内专业劳动和工艺实习性质；组织高年级学生去对口企业进行专业实习，则属于校外生产实习性质。这个环节对丰富学生实际知识、提高运用所学理论知识分析问题和解决问题的能力大有裨益。

以某大学工业中心的工业训练为例，在专业技能实践方面，它以真实的工业项目作为训练课题，如让学生完成一套复杂和精密的工具、一套装置或系统、一种仪器、一种消费品等制造项目和产品，其主要来源于企业、工业中心的开发和制造项目，或学生自己提出的开发项目等。训练内容包括价格分析、市场营销、生产安排、成本计算、质量检验和控制、生产率保证以及制造过程中所涉及的人事问题等。在专业基础实践方面，它以真实的工程项目作为训练课题，如让学生参加一些工程项目的建设过程。训练内容包括可行性论证、技术经济分析、概预算、设计、备料、组织、协调、施工、监理、验收等，让学生在实际工作中运用已学的专业知识和经工业中心训练所获得的经验及掌握的技术、技能，通过群体协作来完成训练项目。

总之，专业实习是专业实践教学的重要环节，也是课堂教学的继续和发展，是实现理论联系实际、检验教学效果的重要途径。通过学生到具体的社会组织、单位考察和锻炼，或者获取对企业的生产流程、生产状况的了解，或者获取各组织、单位的管理工作的概貌，提高大学生应用专业知识解决实际问题的能力；而通过专业技能的实践锻炼，可以培养学生独立分析问题、解决问题、适应社会的能力，增强学生职业意识、提高政治素养、拓宽专业视野，培养学生初步的研究能力和创新能力，从而达到巩固所学专业理论知识的目的。

三、综合实践教育

综合实践教育是由学校自主设计和实施的课程实践教育方式，具有综合性、开放性、实践性、生成性，尤其强调调动多个实践教学参与主体（包括教师、学生、实习机构或研究所，甚至家长等）的能动性，挖掘校内外各种课程资源，加以开发利用，在实践的过程中，实现提高大学生的认知与思维能力、操作与问题解决能力、交往与社会活动等综合实践能力的目标，包括毕业实习、毕业设计（论文）和科研课题组（大学生研究计划）等多种方式。

（一）毕业实习

毕业实习也被称为专业性社会实践，是指除专业实习之外，大学生在毕业设计（论文）之前，集中三个月、半年或一年，到专业对口单位跟班实践。毕业实习是在学完基础课和专业课之后进行的实践教学环节，常与毕业设计相结合，有些学生直接带着毕业设计题目到单位毕业实习，或者是直接分组参与指导教师的项目或课题的子项目，分工协作完成各自任务。这样，有明确的实习要求与实习任务、具体的实习岗位、适当的实践教学进度、可行的考核方法以及专门的指导教师等，对提高毕业设计（论文）的水平和实习效果，提高学生实践能力和综合素质甚至择业就业水平等，都能产生有力的促进作用。

毕业实习是学生从理论走向实际、从课堂走向工作岗位、从学校走向社会的重要阶段，是对学生政治思想、专业知识和业务水平的综合锻炼和检验，也是学生理论联系实际，养成工作思维、工作技能和工作能力的关键时期。因为实践时间较长，又是以普通工作人员的身份跟班工作，所以能使学生对国情民情了解得更全面、更深入，角色的变化又有效地增强了学生的社会责任感，较长时间的实际工作也为学生发挥专业特长、学习各种技能提供了广阔的平台。

大学生毕业实习的内容必须是多方面的、多层次的，其基本内容包括以下几个方面：一是通过接触社会对社会产生一种感性认识，去真正认识社会和了解社会；二是让学生利用所学的专业理论知识去观察社会、分析社会经济生活，特别是本专业领域中的热点、难点、焦点问题，进行理性思考和深入研究，培养分析问题和解决问题的能力；三是培养学生与社会相融合、与他人共处的能力，体会作为单位员工的言行约束和制度约束。因此，实习就成为学生学会合作、学会沟通、磨炼性格、学习职业道德的重要渠道。

毕业实习的基本环节包括组织管理、单位选择和考核要求等几个方面。从毕业实习的组织管理来看，参与毕业实习组织管理的主要有学校各级管理部门、教研室或课程组以及教师，分为制订实习计划阶段、联系实习单位与准备阶段、实施阶段和评价四个阶段。从毕业实习的单位选择来看，实习单位的选择直接影响实习的内容和质量，因此也是实习管理的重要一环。当前，高等教育已由精英教育转为大众教育，一方面，每年本科生的毕业人数在大幅度增加，学校各方面的资源都在超负荷运转；同时第七、第八学期又正是学生考研和找工作联系用人单位的高峰时期，这些均对毕业实习产生了极大的冲击。选择到合适的实习单位是非常困难的，需要管理者付出大量的精力和劳动。另一方面，由于学生实习时间短，较难安排完整的工作项目，对实习单位的正常工作可能造成影响，许多企事业单位不愿接受学生实习，因而迫切需要建立较稳定的毕业实习基地。从毕业实习的考核要求来看，毕业实习考核包括阶段性考核和总结性考核两个方面。阶段性考核根据对学生的实习表现记录进行评定考核，总结性考核包括实习操行评价和实习或调研报告考核两个方面。

（二）毕业设计（论文）

毕业设计（论文）是一种学习、实践、探索和创新相结合的综合教学，是检验学生综合运用专业知识解决实际问题的重要手段，是高等学校培养人才的重要教育教学环节。它作为高等学校本科人才培养方案最后一个重要的教学环节，是学生在校期间对所学知识的一次全面检验、总结和提高，是对学生所学知识进行综合运用的训练，是学生在教师指导下独立进行科学研究或工程实践，获得基本训练并取得成果的过程，其质量的高低直接影响着学生毕业走上工作岗位后能力的发挥，同时也反映了高校的办学水平。特别是毕业论文，作为考查学生综合素质、评估学业成绩的一个重要方式，是学生毕业与学位认证的重要依据，是衡量高等学校本科教学质量的重要评价内容。因此，做好毕业设计工作，对于提高教学质量，培养学生的创新精神、创新意识、创新能力和严谨的工作作风、严肃认真的科学态度起着重要的作用，具有重要意义。因此，提高本科毕业设计质量是落实综合实践教育效果的重要内容。

毕业设计的实施过程中首先是科学选题，即精心挑选毕业设计题目，实现双向选择与开放选择相结合选题模式。实行双向选择与开放选择相结合的机制可以使学生结合当前自主择业的机会，针对自己的就业方向，结合专业知识选择合适的毕业设计题目，甚至允许学生到就业单位去做毕业设计，完成企业需要的技术课题，有利于学生就业后尽早地进入工作角色。其次，必须加强毕业设计的过程化管理，特别要注重毕业设计过程中的能力培养。教师在指导毕业设计时，不仅要引导学生熟悉问题的求解过程，更重要的是引导学生如何发现问题、提出问题、分析问题。毕业论文是整个毕业设计思路、内容、方法的表现形式，在一定程度上反映了学生的综合素质，必须严把撰写关。无论是论文撰写的规范化，还是对论文结构、层次等形式和内容的严格要求，都说明毕业设计从选题、开题到答辩结束，每一个阶段、每一个环节的质量完成得如何，均直接影响毕业设计（论文）的质量以及学生综合素质和创新能力的提高，必须加强过程化管理，抓好毕业设计的每一个环节，特别是构建科学的毕业设计考核体系。

（三）科研课题组

大学生参与科学研究、参加科研课题组是随着我国高校办学模式向“综合性、研究型、开放式”的转变逐步发展起来的，是有效提高学生能力、素质和水平的一个重要的实践教学环节。大学生参与科学研究可以有两种方式：一种是学生参加教师科研项目的研究工作，在教师的指导下担任其中部分研究；另一种是由学生自己根据社会实际需要提出结合社会实际的研究课题和项目研究方案，在教师指导下开展研究工作。这种实践教学方式的一个突出的特点就是课堂理论教学的研究性与课外课题活动相结合。它不仅要求课堂教学具有研究性，同时强调教学、研究与实践的紧密联系。它不是一门课程，它应体现在各科教学中，它也不仅仅是某个课题的研究活动，它是课内研究型教学与课外研究型课题研究、教师研究性地教学与学生研究性地学习的有机整合与互动，因此被归于综合实践教育中。

开展研究性课题活动，学生的知识视野不再局限于课堂教学的范围，他们能直接进入专业科研领域，接触和关注本学科领域最新的研究动态，了解学科发展前沿，初步了解科学研究的基本过程并体验科学研究的苦与乐，提高他们自主获得知识和信息的能力及进行科学研究的能力，增强学生与他人的合作意识和合作精神，培养学生创新素质和创新能力，激发学生学习和探索的积极性与热情，并能用理论知识指导解决实际问题。

大学生参与科学研究、参加科研课题组主要包括以下四个步骤：

第一，成立组织机构。成立“研究型教学指导小组”，指导小组由系领导和聘请的有一定学术声望、治学严谨、教学和科研工作经验较丰富、对学生的培养工作一贯热心和认真的教师组成，全面规划、审核“研究型学习课题”，将系内的教学与科研工作更好地结合起来，使科研课题能及时地转化为研究型学习课题。

第二，制定《研究型学习课题指南》。学生根据自己的专业特点和兴趣、特长，自主选题或形成课题小组，同时教师结合其教学科研专长并针对学生的选题，制定《研究型学习课题指南》。该指南中包括“研究型学习课题”的名称、指导教师简介、课题内容、涉及的主要学科知识、主要的工作环节、导师组成员、学生课题组成员等。

第三，组织学生进行课题研究。教师引导研究型学习课题小组开展图书资料的收集、研读、讨论、总结、再收集、再讨论、再总结等教学研讨活动，不断丰富学生的专业知识，不断提高学生的创新能力和自学能力。

第四，总结、交流。对于学生最后形成的研究结果进行总结并组织学生对研究的主体内容、研究的过程体验、研究中还存在的问题及自我的反思等方面进行交流。对于学生的研究结果，经导师认定优秀的研究报告可作为学科成绩（如果是考试科目可视作平时成绩）并可作为毕业论文的主体部分，若研究成果是论文方式，可推荐到公开刊物发表。

大学生参与科学研究、参加科研课题组，除了通过教学计划内的课程实践教育、专业实践教育等过程培养学生的创造性外，还必须借助课外的各种创新实践活动加以丰富和深化，使学生创新能力培养向多渠道、开放式、规模化发展。这就使以学生课外学术科技创新活动体系为代表的第二课堂与课堂教学沟通融合起来，形成鼓励创新的校园氛围。

第三节 课程学习中的社会实践教育设计、实施、评估与强化

一、课程学习中的社会实践教育的设计与实施

（一）课程学习中的社会实践教育的设计

作为课程学习中组成部分，大学生课程学习中的社会实践教育的实施与教学活动紧密相连，它既具有其他社会实践的共同特征，又受到教学规律的规范和约束，常被视为由教学部门组织的教学计划内的社会实践。从上面所述三类不同的社会实践教育方式的含义、特点、作用与实施的探讨中，我们发现，随着课程本身改革的深入和“研究型”教学模式的逐步确立，课程结构已经有了较大调整，构建起有利于学习与研究相结合、理论与实践相结合的教学体系。因此，它越来越多地与其他各种大学生社会实践方式相互结合、渗透，共同作用于大学生社会实践能力的培养。实际上，近几轮课程结构调整的目的，就是要从课程设置的总体上，建设一个有利于学生实现自主性学习、尽早参与研究工作、学习和研究并进的教学体系。

近年来，我国高校在调研国外著名研究型大学课程框架的基础上，立足我国国情，以建立适应“研究型”教学的课程结构为重点，初步形成了以实践能力和综合素质培养为方向的新培养方案和课程结构。

首先，在“通识教育基础上的宽口径专业教育”原则指导下，课程学分和课程门数都显著减少，并调整了各类课程的学分比例。21 世纪人类全面进入知识经济时代，知识经济的发展对人才所具备的素质，如综合知识、团队精神、创新能力等诸多方面提出了更高要求，同时随着知识经济的到来，社会对人才的需求也向着开放型人才、复合型人才、创新型人才方向发展。因此，各校不断修订的培养方案中不断探讨改革人才培养模

式，拓宽专业口径，加强基础教育，突出通才教育与专才教育相结合的特点，建立以专业为核心，以学科为基础，以相关学科为辅助的培养全面发展的复合型人才的课程体系。这样，通过打通各学科内不同专业的课程，同时辅以必修的方向课和选修课，既减少了必修课程的门数和课程时数，又加强了学科之间的交叉渗透，增加学生自主选课机会和自学时数，突出了学生创新精神和创新能力的培养。

其次，根据教学发展的新方向和教育部关于本科教学的新精神，增加课程实践与研究训练环节，加强实践能力和创新能力的培养，使理论教学、实践教学和创新培养相结合。

（二）课程学习中的社会实践教育的实施

总体来说，高校越来越重视课程学习中的社会实践教育，并在探索中形成了既有共同趋势又风格各异的课程社会实践教育教学体系。从上述各种课程实践教育方式的探讨中，大致可以根据三类课程学习中的社会实践教育的不同内容与要求将各种实践教学方式安排在大学生学习的各个阶段，并根据学科性质、课程性质灵活调整和安排。

课程作为有计划编制的教育内容的整体规划，不只是讲授知识的学科，也是教师、学生个体内在经验与外在环境相互作用的过程，课程学习中的社会实践教育与其他教学活动一起构成了完整的、一体化的课程活动，并与各种社会实践教育活动一起构成了学生实践能力培养的平台。因此，在课程实践教育管理和具体实施过程中应特别注重以下几个方面：

第一，要有相应的制度保证，包括责任机制、资金保障机制、考核评估机制和激励机制。在教学管理中，学校的课程管理要有一定的弹性，给予学生一定的自主权，如学分制和选修制就是更能够保证学生自主性的制度。在弹性制度的框架内，制定一些有利于学生发挥主动性的具体措施，并且为大学生提供充分的信息支持和必要的指导。

第二，造就利于创新能力培养的指导教师队伍。一方面，大学生课程学习中的社会实践教育涉及的知识面较多，对指导教师的要求比较高，不仅要求教师具有系统、扎实的理论知识，同时还要有较丰富的实践知识和实际经验。因此，优化的实践教育教师队伍应是知识结构合理、业务水平较高、实践能力较强、老中青相结合的教师群体。同时，教师的人格魅力、治学态度和科学作风也会对学生学习、研究和工作态度等产生深远的影响。另一方面，为了适应突出实践能力培养的新教学体系结构和培养创新人才的需要，还必须全面提高教师自身的素质，特别是要提高教师的科研能力。只有自身具备了较强的科研能力，教师才能够把学科前沿的知识和问题介绍给学生，才能把新的科研手段和科研方法传授给学生。

第三，在课程实践教育中充分发挥学生的自主性，真正实现课程学习中的社会实践教育能动性。首先是提供丰富的课程资源和实践教育方式，扩大学生的选择面，其中数量和类型是一个方面，课程的组合机制是另一个方面，如果有灵活的机制，赋予学生必要的选择权，可选择的数量达到一定程度时，通过课程的有机组合就可以满足不同学生的需要，提高学生的自主性。其次，实行开放式选题，如老师的课题、企业的项目、实习基地的技术改造等。完成这样的选题需要综合知识的补充和支持，需要反复地实验验证，需要深入生产现场调查研究等，而这些环节都有助于引导学生学习并交叉运用各课程内容，培养学生综合运用知识的能力。

总之，大学课程实践不是按部就班地执行既定课程方案的过程，而是师生共同创造的过程，是师生根据实际情况和自己的理解、教与学互动并不断调整的开放型的教学方案，教师和学生是实践教育教学过程的主角。通过制度的完善、教师队伍建设和学生自主性的提高，有助于在课程实践教育实施过程中更好地整合课程编制、课程实施和课程评价三大环节，使大学课程实践常变常新，既能够坚持以人为本发挥人的积极性、主动性和创造性，又能更好地满足科学技术飞速发展和社会快速变迁的需要。

二、课程学习中社会实践教育的效果评估

评估是主体在事实基础上对客体的价值所做的观念性的判断活动。因此，持有不同的课堂教学观，对课堂教学实践活动就会形成不同的课堂教学和评价，产生不同的教学评价结果。大学生课程学习中社会实践教育的效果评估评价涉及对高校实践教学的设计、实施等从过程到效果的评价，对大学生课程学习中社会实践教育的效果评估，就是对大学生课程学习中社会实践教育的过程及其结果作出价值判断，它是由管理主体、教育主体、学习主体以及用人主体等根据一定的教学目的要求和所确定的指标体系，对教学活动的效果进行判断的过程，其主要目的就是为了科学客观地

评价课程学习实践活动的水平和效果，调动教师、学生和教学管理人员的积极性，获取改进教学工作，提高教学质量的信息，为加强教学管理和指导提供依据。

（一）评估主体

大学生课程学习中社会实践教育的效果分析与评价首先要解决由谁来评价的问题，即明确大学生课程学习中社会实践教育的评价主体的问题。评价主体确定的科学与否直接关系到课程评价的准确性与科学性。大学生课程学习中社会实践教育评价主体是参与教育评价活动的组织者与实施者，主要有以下几类。

第一，教育主管部门的有关领导、专家、课程理论工作者以及专业化、专门化的课程评估中心人员等。他们是大学生课程学习中社会实践教育的管理主体，能够结合高校课程的管理来进行综合的、总体的评价。管理主体通过对高校思想政治理论课程建设进行监督、检查、评价、指导，以保证国家有关教育的方针、政策、法规的贯彻执行和教育目标的实现，进而指导高校思想政治理论课程建设实践，确保大学生社会实践教育发挥其应有的作用。

第二，教师。教师是大学生课程学习中社会实践教育的教育主体，是课程学习的实施者，既是课程的教学主体，又是课程的评价主体。对教师教的方面的评价，既有同行评价，也有教师自我评价。

第三，学生。学生是大学生课程学习中社会实践教育的学习主体，是受教育者和课程学习实践的直接参与者，既是课程学习的主体，又是课程评价的主体。学生作为评价主体，既可以评价教师的教，也可以评价自己的学习。一方面，学生通过自我评价，使他人对自己的评价发生作用，而他人对学生个体的评价，最终还要通过学生自己的再评价而实现。另一方面，通过自我评价，学生能激发学习动机，学会自我控制，更好地理解目标，看清进步情况，调整学习方案，尤其是发展自己的创造才能和独创精神。学生形成了一定的课程评价能力，学会如何评价学习、认识自我，有助于促进他们由被动学习向自主探究、自主学习、自我发展的转变。

第四，用人主体。它是指大学生课程学习中社会实践教育的用人单位及其社会化评价。高校培养的是社会所需人才，因此高校所培养出来的学生的综合素质和实践能力一定要接受社会实践检验和用人单位的评估，方可获得认可。随着社会主义市场经济的建立和完善，高校教育将更多地接受社会各方面的有效监督，课程与教学评价呈现社会化趋势。社会化评价对完善评价的科学性有着重要的意义。不同的社会主体代表社会的不同需求和利益，他们的评价是全方位、多角度的，更能反映出高校社会实践教育的效果与不足，更有利于其改进和完善。

简言之，大学生课程学习中社会实践教育的效果评估的评价主体是学校和教育主管部门、教师、学生和用人主体，管理主体是指导，教育主体是主导，学习主体是主力，用人主体是关键。它不仅要求主体进行自我评价和他人评价，在评价内容上也要求主体进行过程评价和结果评价。只有建立起多元评价主体、评价组织和评价程序，对评价方法进行有效选择，形成的评价结果才能促进学生和教师的发展，促进评价者能力和水平的提高，从而促进课程的发展和改进，不断提高课程评价的实效。

（二）评估标准与方法

大学生课程学习中社会实践教育效果的评价标准是由课程的目标决定的。为使评估方案不仅限于课程实践教育的教学过程评估，而且适用于课程建设全过程中的自检尺度和提高方向，设立评估标准时应坚持目标、过程、条件和教、学、管的综合考虑，实行定性和定量相结合，坚持过去、现在和长远效果纵向考虑的原则。从当前教学评价的发展趋势来看，评价的功能从重甄别与选拔向重视发展转化，从单一性向多元化转变，重综合评价，关注个体差异；从定量评价向质性评价转变，实现定性与定量相结合；从被动接受评价向主动参与评价转变，强调参与互动、自评与他评相结合；评价重心从重终结性评价向终结性评价与形成性评价相结合。有了评价标准后，还需要选择适当的评价方法，设计评价工具。事实上，由于大学生课程社会实践教育的多元性、主观性和互动性，对其效果的综合评价中，除了使用量化评价法以外，应更为强调使用质性评价方法，如观察法、访谈法、情境测验法、行为描述法等。量化评价是通过分析与比较数量而推断评价对象的成效，它力图将复杂的教育现象与课程现象简化为数量，常见的有客观性测验和标准化测验等纸笔测验方法。这种评价方法可以测量学生的书面问题解决行为，但不适用于测量学生的理解能力、思维技能等。简言之，量化评价的方法片面强调量化作为科学、客观的标志，容易丢失教育过程中的真实信息，而这点不足却能在质性评价方法中得到弥补。质性评定主要强调学生在教育活动中完整而真实的自我表现，是对量化评定方法的反思批判和革新。常见的评价方法包括档案袋评定法和苏格拉底式研讨评定法等。前者的特点是收集学生关于某一学科的系列作品，用于反映学生在学习中的过程与方法以及情感态度和价值观等，根据创建成长记录袋的目的不同选取不同作品以展示学生特长，它能培养学生的自我评价与反思能力，教师对收集到的作品进行有效合理分析并及时向学生反馈。后者主要强调将学生在班级参与和课堂讨论中的表现等作为评定学生学业成绩的一部分。它主要关注“在问题讨论中如何才能更多地促进学生间的互动”和“如何成为真正有效的评定依据”等问题，其最根本的要求是“让学生学会更有成效地思考并为自己的见解提出证据”。大学生课程社会实践教育的评估可以分为课程实施前、课程实施过程中和课程实施后三个阶段。课程实施前多通过问卷、访谈或兴趣调查法进行诊断性评价；课程实施过程中则更倾向于形成性评价，即通过评价去发现实践教育实施中的不足以及实施结果与目标之间的偏离情况；课程实施后以总结性评价为主，包括自我评价和成果的分析，有效整合效果评价与内在评价，从更倾向于结果的效果评价到同时注重对实践教育课程计划本身以及课程内容的性质等的评价。

综上所述，可从三个方面构建大学生课程社会实践教育教学效果的评价指标体系：首先是选取评价的指标。根据教学效果评价应遵循的基本原则，评价指标的选取来源于三个方面：一是准备阶段，主要通过对其教学计划与实施纲要的检视，判断是否有计划地安排和实施实践教学的活动过程，教学目的是否明确，适用于哪些课程、可以校验哪些知识点、能够培养和提高学生哪些知识与技能等。二是组织与实施阶段，即观察和检验教师的教和学生的学能否相互配合，实现良性互动，及其对教学效果的影响。三是教学的效果。课程实践教育教学效果的好坏最终要体现在学生身上。例如学生能否发现实践过程中反映出来的问题，能否正确分析造成这些问题的原因，学生提出了多少解决问题的方案以及这些方案是否科学合理等。

其次是确定指标权重及其分值。由于评价主体的相对重要性不同以及各个评价指标对总体影响度大小不一样，因而需要给不同指标、不同的评价主体赋予相应的权重，实现定量与定性相结合，量化评价与质性评定相结合。根据前文所述的评价的基本原则，评价的主体应当包括教师、学生和专家组，有的还包括行政管理主体和用人单位。

最后是制定案例教学评价表及操作细则。为了方便评价人员进行评价，应该制定具体的评价表。针对每一个评价指标，都要有相应的评价标准（评价细则），以供评价人员包括被评价主体参考。为了更好地贯彻实施，可以制定评价的操作细则。总之，大学生课程社会实践教育效果的效果评估中应更侧重发展性评价，不仅要关注学生的知识积累和学业成绩发展，而且要善于发现和发展学生各方面的潜能，了解学生发展中的需要，帮助其认识自我，发挥评价的教育功能，促进学生在原有水平上获得发展，真正实现实践教育的功能。

三、大学生课程学习中社会实践教育效果强化

所谓大学生课程社会实践教育效果的强化，就是说学生学完专业课程之后，结合专业特点、应用专业知识由学生自主组织、规划、设计的综合性创新实践，包括论文发表、专利申请、社会兼职和自主创业等。

（一）论文发表

论文发表是大学生课程学习中社会实践教育成果的重要展现方式，也是重要的效果强化方式。大学生论文发表的过程是进一步科研实践的过程，也是实践价值转化和备受鼓舞的过程。当前，不少学校的学生在本科学习阶段即进入到科研队伍和课题组中，在STR计划中对自己的专业领域进行更精深的探索和思考，在学习基础理论知识和研究的基本方法的同时，了解专业前沿的动态，通过导师的指导和自己的研究工作，最后形成有独立见解的论文成果。发表相应专业论文既是其科技研发能力的表现，也是其进一步向理论研究迈进的基础。论文发表作为大学生课程学习中社会实践教育的强化方式，强化的是学生对社会实践教育理性思考的能力，自主科研和创新的能力，以及相应的成果转化能力。这个过程有利于强化学生的科研意识、主体意识和自我成就感，同时有利于学生进一步学习论文发表的技能，训练科研素养，强化科研动力。在论文发表中，老师的指

导至关重要，老师不仅要授予学生学术技巧，更要强化学生学术规范，历练学生的学术精神。

（二）专利申请

专利申请作为课程学习的一种方式，体现了产学研的紧密结合，是对强化学生社会实践教育的重要方式。通过专利申请，不仅能够让学生掌握申请专利的过程，经历开发专利的训练，而且能够激励学生的实践热情、强化学生的实践信心、提升学生的实践能力。为了培养学生创新的思维方法和开发科技新产品的能力，在课程社会实践教育过程中还应注重创新教育和科技创新能力的开拓，采取“授人以渔”的方法，通过开展科技活动，举办创新竞赛、建设创新中心等途径，让学生自己动手设计与研制产品，或亲身参与课题研究、科技开发和工程建设等，使他们能够学习到当今社会所需的最新知识与技术，以提高其开发新科技的敏锐性和将科技成果转化为社会财富的应用能力。一些高校建立了科技创新中心及专业创新实验室等，积极引导和鼓励大学生树立创新意识，投身科技创新实践，推动了学生科技活动蓬勃发展，使学校成为培养创新人才的重要基地，每年产生的科技成果中有一些项目或产品转化为专利成果。

（三）社会兼职

所谓兼职，就是在合理分配时间的基础上，通过为特定组织或者个人付出体力和智力劳动而获得物质和精神回报的社会实践活动。兼职打工相对于全职打工而言，不需要整天都工作，而只需在空余的时间里进行。因此，兼职作为学生接触社会、了解社会、适应社会最直接、最有效的手段，大大缩短了学校与社会的磨合期。

社会兼职能使学生更紧密地接触社会生活，可以培养交际、处事等方面的能力，可以认识到社会的复杂性，同时也可以体味生活的艰辛，磨炼其意志。如果只学好专业知识而没有实践能力就会出现高才低能。作为当代学生，所应做的不但是理论知识的学习，更重要的还是实践能力和创新意识的培养。兼职正好在学业之外，很完善地执行了这个实践的功能。

社会兼职也使学生了解到我国改革开放及经济改革和发展所取得的成就，体会到不同单位、企业、事业单位的生产环境和文化背景，从社会层面来说，当代中国需要的是综合型全面人才，而不是工具手册型书呆子。从更深一层次上看，大学生通过兼职完成了其角色的转化，即从消费者转变为生产者，这无疑推动了社会的经济发展。在实践过程中培养他们自信、乐观、勇敢、坚强、刻苦、耐劳、容忍、善于审时度势和随机应变、敢于冒险和挑战，具有创新和风险意识等良好的心理品质，塑造健全的人格。

（四）自主创业

如果把课程学习中的社会实践教育比作“蓄势待发”，那么“一飞冲天”将是这种社会实践教育的重要的展现和强化方式，而自主创业就是其中重要的一种方式。对高校课程实践教育目的来说，自主创业本身不是目的，而是为了加强学生的创业教育与实践能力的提升。高校在人才培养过程中不断优化实践教育和创业教育的环境，为学生创业实践创造有利条件，并积极争取政府、社会、企业和学校的扶植与支持，有效地促进创业教育的发展。学校通过制定相关政策引导大学生，特别是倡导并鼓励学生进行创业的思考与实践；通过设立创造发明成果奖和设立研究生专利基金，从起点开始扶持创业；通过允许并给予校内企业优惠等措施鼓励学生办企业，有条件的还可以充分利用高校科技园和创业园等知识、技术、智力、资金密集的优势，并设立配套的风险投资基金，使其成为将创业教育转化为创业实践并检验其效果的广阔舞台。总之，大学生课程实践教育的效果总结一方面是理论和知识层面的效果分析，另一方面是实践和人才培养成效方面的效果分析。实践教育丰富了学生的学习渠道与资源。实践教育培养学生关注实践、立足实践、在实践中学习和提高思想认识，形成对人的发展终身有益的知识观及学习观。实践教育强化了学生对知识的掌握与应用。学生通过亲自动手操作，亲身尝试探究，不仅能更好地掌握知识，而且能运用所学知识对自己所生存的环境产生影响。实践教育强调学生全方位的学习，全过程的参与，并且在这种学习和参与中形成有利于个人成长及社会进步的成果。实践教育有助于全面提高学生的创新能力。由于人的实践过程并不是简单被动地应用知识的过程，而是综合运用知识及能力的积累、全面分析、判断和解决问题的过程，特别是在处理复杂问题时，人们要创造性地对已有知识进行重组，这构成了知识创新的基础。因此，加强实践教育有助于开发学生的潜能，培养学生的创新能力。实践教育可以增强学生的主动性和积极性，提高学生的社会责任感和思想政治素质。在教学中发现，学生的地位发生了变化，他们不再处于被动的服从地位，自我管理意识和自信心、自我责任感明显增强。学生参与组织教学机会的增加，也使学生之间的协作能力明显增强，支持他人工作也意味着帮助自己，促进社会责任感的形成。实践教育可以增强学生的职业适应性与竞争力。无论是专业技能还是综合素质都有明显提高。甚至语言表达能力、组织管理能力也有所提高。

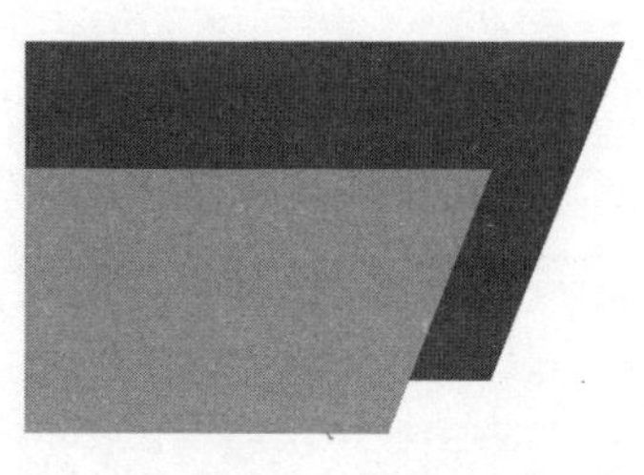

第三章　社会责任感培育概述

第一节　责任的相关概念界定

“责任”，作为一个古老而深刻的话题，其中的内涵意蕴无穷，在中国和国外的语境下，分别探讨“责任”的基本内涵。古希腊时期就有多位哲人开始研究并阐发对其的认知。而在中国语境下，“责任”经历了一个漫长的发展过程，在当代中国，学术界关于“责任”的概念莫衷一是。为明确社会个体的履行责任行为，自由、选择与道德责任的关系显得尤为重要。在“责任”和“义务”、“职责”与“良心”之间，有着休戚与共的关系，这些是理解“责任”内涵的关键。“责任”与“义务”是两个既有联系又有区别的概念。“职责”简单地说，就是职业的责任，而“责任”与“良心”之间是密切相关的，“良心”切实联系着个体对社会责任的履行。在不同的标准下，学者对“责任”进行不同的分类。

一、责任的内涵阐释

“责任”作为一个古老的话题，古希腊时期就有多位哲人开始研究并阐发对其的认知。自近代已降，以康德、马克思、萨特、维克多·弗兰克等为代表的哲学家、思想家、心理学家围绕“责任”的概念提出自己的理解，而在国外辞典中关于“责任”的阐释也是周详而绵密的。在中国语境下，“责任”经历了“责”与“任”分别作为两个语素分别使用、“责任”连在一起使用、基于整体主义角度阐释的过程，在当代中国，学术界关于“责任”的概念莫衷一是。

（一）国外语境下关于“责任”内涵的阐述

在国外思想史中，“责任”作为一个古老的话题，早在古希腊时期就有多位哲人开始研究并阐发对其的认知。在当时，波西多纽就著有《责任论》一书，诸多思想家也运用各自的视角，赋予“责任”丰富的内涵。其中，苏格拉底将“责任”视为人们为国家和社会服务的一项能力。在他看来，公民为国家奉献和为人民服务时所拥有的本领和才能就是“责任”，并将“责任”视为“善良公民”为国家和人民服务当且应当具备的本领和才能的标准除此之外，苏格拉底以美德为基础，强调个人必须无条件地履行因为个人与城邦之间订立的契约而产生的责任。柏拉图则在《理想国》中，以城邦的产生为立脚点，侧重人们对城邦恪尽职守的重要性和必要性。在柏拉图设计的理想国中，不同的人处在不同的等级，而处在不同等级的人也各自有不同的责任，当且仅当社会公民各司其职、恪尽职守，大家才可能生活得更好。伊壁鸠鲁和亚里士多德等人提出了“责任”是人需要对自身选择的行为以及所产生的后果负责任的思想。亚里士多德则认为人需要对自己的行为负责任，这也意味着也要对可能逃避责任的偶然行为负责，否则都要受到惩罚。从人性的角度出发，在亚里士多德看来，人的行为是自由的，而这种“自由”包括：(1）理性的自觉；(2）欲望或意志的自愿这两个因素。因此是非善恶都是人们自由选择的结果，不论这种自由选择是直接意义还是间接意义上的，任何人都应该对自己的行为后果负有不可推卸的责任，包括对可能逃避的责任负责。

自近代以来，不少哲学家、思想家、心理学家围绕“责任”的概念提出自己的理解。英国哲学家培根将“责任”诠释为维护整体利益的本心。德国古典哲学家康德非常推崇“责任”的价值。其从纯粹理性主义的视角考虑，否认了任何以利益、经验抑或是神的意志来简单定义“责任”的尝试，并在人类史上第一次将“责任”置于伦理学的核心地位，初步构建了义务伦理学的框架。在康德看来，“责任”是意志概念的体现，责任是意志对规律的尊重，个人必须遵守义务，为尽义务而行动。每个人都是社会独一无二的个体，诸多个体通过各种社会性的交往和活动，才组成了人类赖以生存的社会环境。责任是人类群体性和社会性的产物，因此，个体与社会之间是双向互动关系。马克思和恩格斯在《德意志意识形态》一文中也提出，“在社会关系中，作为确定而现实的人，你就有规定，就有使命，就有任务，至于你是否能够意识到这一点，那是无关紧要的。这个规定、使命和任务是由于你的需要，以及与现存世界的联系而产生的”。这里的“规定、使命、任务”指的就是“责任”。因此，一个在社会中有能力的人，都必须担负某些使命和任务。这些在社会中所负担的各种责任是客观存在的，不以我们的意志为转移，如果没做到对社会的责任，应该要受到相应的谴责与惩罚。同时，在马克思与恩格斯看来，责任是与权利和义务是紧密联系的。因此，所谓“责任”，就是有胜任能力的人履行社会义务的行为过程。作为存在主义哲学的代表人物，萨特也提出关于“责任”的论述。在他看来，人由于命定，是自由把整个世界的重量担在肩上的，而他对作为存在方式的世界和其本身是有责任的。在这里，萨特对“责任”的理解是从自由观中衍生出来的，同时又来一种内在的限制。奥地利心理学家维克多·弗兰克则指出，每个人都被生命询问，而其只有用自己的生命才能回答这个问题，只有以“负责”来答复生命。

从哲学的视角出发，“责任”二字常常与因果性相联系。也就是说，“责任的最一般、最首要的条件是因果力，即我们的行为都会对世界造成影响；其次，这些行为都受行为者的控制；最后，在一定程度上他能预见后果”。

（二）中国语境下关于“责任”内涵的阐述

在中国古代汉语中，没有“责任”这一语素，“责”和“任”是作为两个语素分别使用的，且意义与现代汉语有所区别。在先秦文献中，前人一般用“责”来表达“责任”的意思，像是《论衡·问孔》:“责小过以大恶，安能服人。”而根据《辞海》的解释，“责”有以下几种含义：(1）责任，如负责。《书·金滕》:“若尔三王，是有丕子之责于天”;《后汉书·杨震传》:“崇高之位，忧重责深也。”(2）责问；责备。《论语·卫灵公》:“躬自厚而薄责于人，则远怨矣。”(3）索取；责求。《荀子·宥取》:“不教而责成功，虐也。”(4）责罚。《新五代史·梁家人传》:“数加笞责。”(5）同“债”。《国策·齐策四》:“乃有意欲为收责于薛乎。”

在《康熙字典》中，虽然也没有“责任”一词，但“责”的其中一种用法已经含有“责任”的意思。根据《古汉语常用字字典》的注释，“责：责任。‘百司逃责’(陈亮《上孝宗皇帝第一书》)”。百司即百官，逃即逃避。百司逃责，就是指百官逃避责任。古代汉语中的“任”的意义与现代汉语大致相同，一是“任。符也”。“符”即“信”，因此，“任”就是因为相信而交予的责任，如诸葛亮在《前出师表》中临表涕零：“至於斟酌损益，进尽忠言，则攸之、祎、允之任也”；二是担当，承担，如尽忠职守。“负任担荷，服牛招马，以周四方”(《国语·齐语》)。

“责”“任”这两个词放在一起使用，最早在《新唐书·王挂薛收等传》一文中体现，“观太宗之责任也谋斯从，言斯听，才斯奋，洞然不疑”。这里的“责任”，是一种使动用法，即“使人担当起某种职务和职责”。同样的表述还有“是以责任股肱耳目大臣，思所以尽捽赞襄嘉犹，朝夕入告，朕命惟允，庶事克谐”（《元史·武宗纪一》）；再如“陛下能责任将帅，令疆场无事，即天下幸甚”（《续资治通鉴·宋英宗治平三年》）。宋代司马光将“责任”诠释为“应做分内之事”，在《谏西征疏》一文中这样写道：“所愧者圣恩深厚，责任至重。”而《宋史·苏辙传》则曰：“苟可否多少在户部，则伤财害民，户部无所逃其责矣。”因此，“责任”一词，在宋代已经初具现代汉语的释义，而在明清时期，“责任”更加接近现代汉语的释义，在李渔著作的《玉搔头·止兵》中这样写道：“曾与老爷当面说过，内患不除，是老爷的责任。”到了近代，梁启超先生慷慨激昂地写道：“人生于天地间各有责任”，“自放弃责任，则是自放弃其所以为人之具也……一国之人各放弃其责任，则国必亡”。再如梁启超先生所言“人生须知负责任的苦楚，才能知道尽责任的乐趣”。在这里，“责任”包含着因为承担某种职责而具有的使命感，并为过失行为接受惩罚或谴责的含义，基本与现代汉语十分相近。

在中国传统文化的宝库中，蕴含着异常丰富的“责任”思想。中国传统价值观基于整体主义的角度，侧重于对家族和国家责任的强调。在中国古代思想中，“责任”的思想还是比较丰富的，但主要集中在以下两个层次上：第一，臣民对君主和“天”的尽职和效忠；第二，个人对自身行为产生的不良后果承担责任而儒家伦理学也是以“责任”为核心，其专注于对道德责任的经验描述，但缺乏思辨的色彩。

在当代中国，学术界关于“责任”概念的界定莫衷一是。《国家教育百科全书》指出：“责任是一个存在争议的术语，对它进行解释其实相当于在做政治声明。”在现代汉语中，《现代汉语词典》对“责任”的诠释最为权威。其认为“责任”有如下两层含义：第一，“应尽的义务抑或是分内应做之事”；第二，“因为没有做好分内应做的而应当承担的过失”。《汉语大词典》对“责任”的解释有以下几种，第一，使人担当起某种职务和职责；第二，分内应做之事；第三，没有做好分内应做的事，因而应当承担的过失。而《新华词典》对“责任”的解释是这样的，一是应尽的职责；二是应该承担的过失。因此，可以对“责任”从两个层面来理解：（1）“责任”意味分内应做之事，如尽到责任、履行职责等，这里指社会要求其成员承担与社会角色相符合的行为；（2）“责任”意味未做好分内应做之事所应受的谴责和制裁，如承担后果、担负责任等。从上述的解释可以发现，“责任”具有一定的关系属性，彰显的是在社会中人与人、人与社会之间的某种关联。从积极角度理解，“责任”是指责任主体自觉对自身角色所对应的社会责任的认知、理解和履行；再从消极角度理解，“责任”是责任主体因为没有能够按照自身角色的要求完成社会任务所自觉承担的后果。

二、责任的两大要素：自由与选择

自由与选择是责任的两大要素，同时伦理学的重大理论问题即意志自由与行为选择问题，这也是各大学者在社会现实领域中探讨的重大实际问题。为明确社会个体的履行责任行为，自由、选择与道德责任的关系显得尤为重要。

（一）自由与责任

个体的自由到底是什么？作为人类思想史上一个古老而常新的问题，哲学家卢梭、黑格尔与萨特分别作出回答，但大都涉及“意志自由”这一核心元素。而“自由”与“责任”是紧密联系在一起的，世间没有无责任的自由。

1. 自由的内涵

卢梭说：“放弃自己的自由，就是放弃自己做人的资格，放弃人的权利和义务。一个人放弃了一切，是不可能有任何东西可以作补偿的。人使自己的意志失去全部自由，就等于使自己的行为失去全部的道德价值。”个体的自由到底是什么？这一直是人类思想史上一个古老而常新的问题，而黑格尔却认为不尽然是这样，在他看来，自由的物质载体是意志，意志的根本属性是自由。自由的不同表现形式和完善化程度分别可以从法律、道德、伦理等方面来剖析。自由问题也是中国历代思想家一直所探讨的问题，无论思想家们各自持有怎样的观点，其中都已或多或少地提到“道德行为要求自觉，即要遵循理性的原则，按照理性认识来办事”的观点。与此同时，又提出更高的要求“自愿”，即要出于意志的自由，又自觉自愿地在行为中遵循道德理想的准则。没有自由的意志，就更无法上升到道德责任的高度。

2. 自由的核心

在伦理学层面，如果某一行为是个体自愿进行的话，那么他就对自己的行为负有责任，换而言之，即自由选择与道德责任之间存在一种对应关系，这是伦理学中最基本的原理之一，同时对人的行为的评价基础很大程度上建立在此处。意志自由是人出于义务和良心，在面临多种活动可能性时做出自由选择的活动。究竟什么是意志？人们对此有不同的解释。有人认为意志是人的心理的一部分，也有人认为意志是人的自觉活动，还有人认为意志是人对困难的克服等。显而易见，上述各种解释大都只看到意志的一个方面。我们认为，“责任”一直是人所特有的心理活动，它集中体现了意志的能动性与积极性。因此，所谓意志是指人们自觉地确定目的，有意识地根据目的支配和调节行动，克服困难，实现预期目的的心理过程

意志自由也叫自由意志，是人们为了达到某种目的而产生的一种心理状态，同时也是道德选择和道德行为主体承担道德责任的前提之一。在古希腊，个人意志自由的观念是根深蒂固的。亚里士多德认为道德选择作为人一种高度自主的活动，因为人都有自由的意志。正是这种自由的意志使人能够成为却并非消极接受环境的影响，而是对环境主动施加影响的积极主体。在他看来，德行和恶行都出于人的自愿。

人的意志在国外神学主义者那里是上帝赋予了人以选择善恶的自由，自由是神给的。认为人在出生之时的存在还只是一种“潜在”，还只是一种可能性，至于这种可能性能否变为现实，完全取决于个人的自我设计和自我创造。

3. 自由与责任

自由与责任是紧密联系在一起的，世间没有无责任的自由。作为自由意志的主体，个人必须切实地考虑个体与群体之间的关系，从中获取最佳平衡状态，以行使自己的自由，履行自己的义务。个体对于其他个体和社会群体所应负的道德责任，只能通过根据实际协调个人与他人、个体与群

体之间的发展平衡才能准确实现。一个人只有真正履行了自己的义务与责任，才能在社会活动中达到自由。

国外思想家大都是在法律规范的大框架下解释自由的内涵的。法国思政学家孟德斯鸠曾说："自由是做法律所许可的一切事物的权利。如果一个公民做法律所禁止的事情，他就不自由了，周围其他的人也同样会有这个权利"。德国哲学家尼采认为自由就是一个人有自我责任的意志，决非放任。而把自由视为放任是本能衰退的表现。密尔也认为"每个人都应当享有实际行动而承担其后果的法律上的和社会上的完全自由。"

自由和责任不可分割，法律上既规定了公民应尽的义务，同时也规定了公民的自由权利，这也是自由和责任一致性的体现。自由是建立自律的道德规范，也是造就具有独立人格和严肃道德责任感现代人的基本前提。责任寓于自由的正确理解中，没有自由也就没有责任。自由就是主体性，没有自由，便没有道德。

道德价值存在的真正承载者是人。一个自由的人有自尊心，而自尊心会使人拥有道德心，从而对他人和社会负责。行为的主人是个体，行为必须是个体的行为是确定个人责任的两个前提，两者相辅相成，缺一不可。换句话说，行为必须出于我自由选择的行为，出于"我"的意志自由，"我"必须承担责任。自由具有对他人和社会的责任，因而自由蕴含着责任，这就决定了自由存在着限制的就是这种人与人的依赖关系。奥地利经济学与社会哲学家哈耶克认为每个人对他人的责任感是社会的基础和核心。现代自由市场制度是人类文化伦理精神在当今经济领域内形成的信用制度，以及配之以灵活的具体环境下的责任制度。只有讲信用，责任才能逐渐形成"合目的性"的，并符合人类文化伦理精神的健全社会。倘若社会生活中的个体都不顾他人与社会群体，只想行使自己的自由权利，却又都不想承担相应的责任和义务，那么，人与人之间的合作便很难实现，而整个社会也就无法通过合作来实现效率资源的最优化。因此，脱离了责任的自由，造成的恰恰是不自由。故而，这就是现代社会所强调的，现代市场经济社会的一个重要的道德基础是由责任、义务构成的。

（二）选择与责任

道德选择的属性是责任，所以选择和责任是密不可分的。由于道德选择包含着人的责任，道德选择因此具有重要的意义。在现实社会生活中，人们往往同时存在几种具有道德价值的行为方案，而无论选择哪种符合某种道德准则的行为方案，都会违反另一种道德准则。换而言之，选择了某种有价值的方案，同时就必须牺牲另一种同样有价值的方案，容易出现此类无论如何都不能两全的情况。

1. 选择的内涵

行为是一个具有丰富含义且交叉衍生于多学科多领域的概念。纵观古今，人的行为是受一定意志欲望支配的活动一直都是墨子所坚持的观点。再看荀子的观点：人的行为是通过行为由一定的意志和欲望支配从而得以实现的活动，即鲜明地表现出其中要义。黄建中先生的《比较伦理学》一书中也对此有所提点："行为者，有鹊之运动，有觉之动作，有意之行动也。"明确地指出人类具有的一种有目的、有知觉、有意识的活动才是行为范畴。

2. 选择的核心

道德选择的属性是责任，所以选择和责任是密不可分的，否定责任也就否定了选择。行为主体在自由选择对象的同时，也就自由地选择了责任。在人们的道德行为过程中，从马克思主义伦理学出发，既有人的相对意志自由，又有历史必然性的作用，因而个体应当对自己的行为选择自觉承担相应的道德责任。社会个体在社会道德规范、法律的大框架下所进行的自由选择，并不是绝对的自由，而是相对的自由。受历史必然性制约，而非个人自身所能决定的这种选择自由，关键在于对自由的运用。社会如果没有向行为主体提供选择的可能性，也没有赋予其运用自由的权利，就不应该将道德责任强加于他。只有当社会向行为主体提供某种可能性，允许而不是剥夺其对行为的道德选择时，赋予其运用这种自由的权利，为主体的意志自由才能显现出来。

由于道德选择包含着人的责任，道德选择因此具有重要的意义。因此，黑格尔说，人的决心是自己的活动，是基于他的自由做出的，并且是他的责任。那么，自由本身也是必须加以研究的。对此，不仅要考虑当时的情况，而且要追溯产生这种情况的原因。

3. 选择与责任

在现实社会生活中，人们往往会在进行道德选择时，遇到矛盾冲突和难以选择而又必须选择这种进退两难的境地。几种不同的、相互矛盾的道德价值在道德行为的选择中出现，使行为主体一时难以作出抉择的困境状态，这种状态就是道德冲突。不但有不同文化和国别形态之间的冲撞，还有历史传统中的价值体系与当今价值取向间的矛盾，不但有同一道德价值体系中的不同道德规范和原则之间的冲突，还有不同道德体系之间的冲突。这种令人困惑的选择处境，即道德冲突处境下的行为选择或两难选择。

三、责任的分类

意大利思想家朱塞佩·马志尼在《论人的责任》曾把人的责任分为四种：对人类的责任、对国家的责任、对家庭的责任、对自己的责任。

根据责任主体，可以将“责任”分为个人责任及集体责任。个人责任是指一个自然人或法人所应承担的责任，如纳税义务；集体责任又可分为人类责任、国家责任和高校责任，即为整个人类、国家或高校组织所要承担的责任；根据责任客体，可以将“责任”分为自我责任和社会责任。自我责任是指自己对自己的行为负责；魏舍德尔作为自我责任的倡导者，他认为自我责任包含以下两个含义：一是指“在我自己面前产生的责任”，这种责任是基于自身而产生的责任意识；二是指自己对自己、对自己行为的责任。

根据责任内容，可以将“责任”分为道德责任和法律责任。道德责任是指道德主体基于人的本质、由一定的社会关系规定的应当履行的自觉责任和道德义务，其侧重道义责任。道德责任的形成有赖于主体意志对外在的客观要求的主观认同，即对道德应当的责任自觉，道德责任具有个体性、内在性、主观性、应然性和自觉性。而法律责任则是在法律强制要求下，人们应该遵循的责任。其与角色、因果关系、义务及能力等息息相关，侧重于行为发展后所涉及的责任，如若没有履行将会受到法律的制裁。

根据主客观性质，可以将“责任”分为客观责任和主观责任。美国公共行政学家库伯指出，“客观责任，包括对他人的职责以及特定标准或特定执行范围所要求的相应义务。它之所以是客观的，是因为产生职责和义务的原因存在于个体自身之外的客观世界。主观责任是对我们的信仰、个人价值观和职业价值观以及性格特征的一种表达，根植于我们自己对忠诚、良知、认同的信仰，它和更为明确的客观责任一样具有真实性”。

第二节　社会责任感的相关概念界定

社会责任体现着社会生活和社会关系对现实的人的本质要求，并反映了社会与个体的共生关系；“责任感”是个人或社会群体在内化社会价值和行为规范的过程中，对其所对应的社会角色所承担的责任和义务的认识、意志、情感和行为的综合。而“社会责任感”则以“责任感”的存在为前提，是指在一个特定的社会环境里，个体为了其所在的社会可以更好地发展，自觉积极地承担并履行社会责任和所应尽的义务的心理价值判断、自律意识、人格素质和伦理关怀。

一、社会责任

社会责任作为人生责任的核心内容，是指在一定历史条件下的责任主体，基于一定的社会规范，对国家和民族、社会和家庭、他人和自己的生存与发展所承担的职责和使命，以及对这种责任积极履行或未承担相应责任而将要接受的后果，旨在建立美好和谐社会与促进祖国、民族和人类的发展进步，其体现了人的内在精神意志和外部行为规范的有机结合。社会责任体现着社会生活和社会关系对现实的人的本质要求，并反映了社会与个体的共生关系：社会为个体的生存和发展提供不可或缺的物质基础和精神支撑，个体通过承担对社会的责任来推动社会的整体发展和进步。马克思主义认为，人是社会中的人，是具有一定社会性的。人只有通过与他人的交往才能彰显其存在的意义，而社会为人与人之间的交往创造了良好的场所和环境，作为某种反馈机制，人们应该对社会负责。人总是生存在特定的社会环境中，并肩负着特定的责任与使命，这是不以人的意志为转移的。所以，只要社会成员存在于社会生活中，就需要尽可能多地为社会创造出愈加丰富的财富，承担起国家与民族、历史与社会交付的责任和义务，满足社会发展的需要，这样才能促进人与社会共同发展。

随着科学技术的逐渐发展和个体意识的渐进转变，社会责任的概念愈加深刻。越来越多的人认识到，在强调个体利益和民主和谐的现代社会中，个体更加需要对自己和他人负责。在众多个体的参与下，社会生活领域不断拓展，社会生活方式不断丰富，社会关系的不断扩大，逐渐推动个体提高社会责任认知和实践行为能力。在思想政治教育领域，社会责任是指个人或组织为了他人的幸福、社会的进步与国家的发展，需要对他人、社会与国家承担的职责和完成的使命。

社会责任在经济领域也得到综合体现，是指社会组织通过发挥高于组织目标的社会意识的自觉能动性，从而对社会承担并履行的责任，并要求社会组织要自觉以一种有利于社会发展的方式来进行经营和管理。倘若一个高校在承担自己在法律上和经济上应尽义务的基础上，还自觉承担起有利于社会持续发展的责任及义务，就可以界定该高校是具有社会责任的。现当代的社会责任，是面向世界、面向未来、面向现代化和面向整个地球的责任。面向世界，主要是要考虑到在当今经济全球化的大环境中，如何运用全球视野来统筹和优化经济、政治和文化格局，不能闭门造车，也不要妄自菲薄，而是要将中国人的责任与世界人的责任相链接，致力于打造“人类命运共同体”；面向未来，主要是要基于可持续发展的理念，来统筹安排经济全球化、政治民主化、价值多元化、科技创新化等问题；面向现代化，主要是要考虑现代高科技产业对人们生产和生活方式的影响，综合发挥科技创新能力；面向整个地球，主要是要考虑如何基于整体与局部的发展观念，从而实现“命运共同体”的协同发展。

在社会责任的现实语境中，可大致将社会责任做如下分类：一是强制性的社会责任。强制性的社会责任主要是由法律法规、规章制度，以及契约所确定的社会责任，具体说就是法律上所陈述的民事责任。对法律、规章和契约的尊重是现代社会存在的根基，反之会受到社会强制性的惩罚。这种社会责任通常表达为“某人必须做某事”，主要是主体对社会要求的内化或回应。这种“必须的社会责任”一般都与一定的义务相联系，很多时候便是指一定的职责、必须做出特定的行为或反应或不做的事或行为。二是非强制性的社会责任。非强制性的社会责任则需要依靠人的自觉，来创造出更多的物质财富和精神财富，如遵守社会公共秩序、保护环境等。这种社会责任是主体的一种自觉自愿的行为选择，一般与一定的角色相联系，产生于一定的地位、角色、承诺、自愿行为等，往往表达为“某人应该做某事”。三是谴责性的社会责任。谴责性的社会责任是指主体对自己已经过去了的行为后果的一种承担，往往表达为“追究某人的责任”，意思是某人因为过去行为的过错，应受到谴责、处罚或否定性的评价。谴责通常来自内心的道德自省或者是规范要求，方式和程度则会因诸多因素的差别而不同。

二、责任感

目前，学术界对“责任感”基本内涵的界定主要从德育学和心理学两个学科的角度进行解析。德育学从道德实践的角度来阐释“责任感”的基本内涵，得出“责任感”是与道德评价紧密联系的结论。德育学肯定了“责任感”作为个体的思想意识，是一个人能意识到自己在人类社会和自我发展中所需要承担的责任。与此同时，德育学又从道德评价的角度指出个体的思想意识不一定需要与外部的责任要求符合，纵然符合又不一定需要与道德任务的实现程度相适应。倘若个体不能充分发挥自身的责任感，便会产生愧疚和不安等一系列的情感，随之便会重新修正对责任的认识及态度。

虽然“责任感”包含认知和情感两个方面，但是情感与认知密不可分，没有认识过程作为前提和基础，便不可能产生情感。同时，情感还与个体的智力发育、身心健康，以及思想道德的形成也有着密不可分的联系心理学从认知和情感两个维度来解释“责任感”。第一，从认知的维度，由于“责任感”的形成不是抽象而独立的，而是社会成员在具体的社会环境中，通过角色的定位，来认识到外部环境对角色塑造所提出的诉求，并基于这种认识来不断调控自身的行为，从而将这种诉求外化为责任行为。第二，从情感的维度，“责任感”又可称为责任情感，是一种个体在实现社会对自身角色的要求的过程中所形成的情感体验。当个体作出自身的行为选择后，其便会认真思索这个选择能否符合内心的需要，这就是“责任感”的情感体验。所以，“责任感”在表现为一种自我认识的同时，需要根据这种认识促使个体做出相应的行为选择，从而产生情感体验。“责任感”作为一种道德情感，是在价值观和行为规范的双重作用下形成的、主体对责任所产生的主观能动意识，其具有阶段性和差异性的特点。

“责任感”属于社会道德心理的范畴，是个人或社会群体在内化社会价值和行为规范的过程中，对其相应社会角色所承担的责任和义务的认识、意志、情感和行为，其主要包括以下几个内涵：第一，“责任感”的主体是社会群体和个人；第二，“责任感”要求个体承担与自己社会角色相适应的责任与义务；第三，“责任感”的形成与发展是一个从认识、意志到情感再到行为逐层递进的过程。作为个性心理的重要品质，体现了一个人对其所属群体的行为规范、实践活动以及他人承担的任务的自觉态度，也彰显着个体在社会生活中对自己承担和履行责任的一种心理价值判断。从责任和义务关系角度理解，“责任感”作为实现责任行为的内在驱动力，是社会成员在责任认知的基础上形成的，对个体的责任行为有着重要激励和评价作用，可以引导主体自觉地履行对国家、集体、家庭、他人、自我等各类社会关系的义务，以及履行这些职责后所满足内心需求的情感。因此，“责任感”是个体在一定的历史条件下和特定的社会环境中逐渐形成的既成的心理状态或心理倾向。换言之，“责任感”是社会成员在认识到自己的角色定位和需要承担的社会责任后，通过相应行为选择的实践来实现该社会责任，并在实现的过程中随之产生的自我意识和情感体验。

在本质上而言，“责任感”是一种情感，是一种对自己应该做什么和不应该做什么的自律情感，属于道德范畴。“责任感”作为思想道德素质的重要内容，也称作责任心，是指社会成员在正确认识到自身“社会性”本质的基础上，为了实现和维护相应的社会属性，而去履行义务的一种道德自觉。其囊括了意识、情感和态度等品德特征，不仅仅是人面临责任时所产生的特殊道德情感，还包括对责任的理解与认识和相应的行为。通过内化价值观和道德规范，在主体形成主观认识和内心体验的基础上，以满足社会和他人的客观要求。所以，“责任感”既包括对自己负责的意识，也包括对他人和社会负责的意识。其决定一个人能否健康发展的核心品质，还派生出诸如自律、慎独、担当、忠于信念等健康人格的特点。

从实际生活的角度出发，“责任感”可以从“对谁”负责和“为谁”负责这两个方面进行分析。随着个体的不断成长发展，社会个体既需要利己，也需要利他人、社会、国家，而且当自己的利益同国家、社会和他人的利益相矛盾时，要以国家、社会和他人的利益为重。人只有拥有“责任感”，才能在感受到自我存在的意义和价值的同时，得到人们的尊重和信任，从而拥有勇往直前的动力。就人的本质而言，“责任感”反映的是人的价值问题，而该问题实质是个人怎么实现自己的人生和社会价值。每个人正是在履行各种义务和承担各种社会责任中实现自己的人生价值。个人越是能意识到社会的客观要求和他人的具体需求，以及自身在满足这些需求中所起的作用，其就越具有某种“责任感”，并表现出相应的责任行为。高度的“责任感”作为道德行为的源泉和强大的精神支柱，是人们履行一切责任的核心。因此，具备责任意识、形成高度的责任感，人们才能自觉履行责任行为，承担起人生的各种责任。

“责任感”主要由以下几部分构成，首先，认知是“责任感”的前提。责任认知是指责任主体按照一定社会规范标准对责任的认识和判断，其包括“是否应该完成所承担的职责”“要不要坚守群体的行为规范”“应不应该对共同活动的结果负责”等是非判断。责任感的强弱，体现为一种人生态度。一个人如果有清晰的是非观念和高尚的价值取向，其便会在帮助别人获得幸福感的同时得到满足。其次，情感是“责任感”的基础。“责任感”是个体对自己的思想、言论、行动等持认真恭谨和积极负责的态度，并随之产生的情感体验。内化道德品质要经过“知、情、意、行”四个环节，在“责任感”的形成过程中，情感因素显得尤为重要。因此，“责任感”是一种以情感为主，以爱心、同情心、良心等为基础的理性品质。最后，行为是“责任感”的体现。所谓“实践出真知”，“实践是检验真理的唯一标准”，“责任感”不是停留在浩繁卷帙上的一纸空文，其需要通过责任行为反映出来。在履行责任的过程中，需要通过甄别良莠不齐的信息、抵制各种诱惑和付出艰辛来坚守职责，并在日常工作与生活中一以贯之。

三、社会责任感

马克思主义哲学指出，社会关系的总和是人的本质。根据马克思主义的观点，“社会责任感”本质上是一种价值关系。所谓价值，其实是一种需求满足与被满足关系，即个人与社会、他人、群体的满足与被满足关系。主要包括人类对社会做出的贡献和社会满足个人成长和发展的条件这两方面的内容。因为价值是一种关系，所以实现“社会责任感”的价值可以分为社会价值与自我价值两种。而判断一个人“社会责任感”的程度，则需要将其置于广泛的社会中去评定。前者是个人的能力及作出的社会贡献满足其所在社会的需求，后者是个体的努力满足了自身需求所形成的价值人的本质决定了“社会责任感”是社会关系的产物，是人们在长期的生产和生活实践中结成的人与人、人与社会、人与自然关系的产物。从价值的角度，“社会责任感”的本质是一个人三观，即世界观、人生观和价值观在社会中的综合体现，同时也是社会主体对待人的价值问题。

“社会责任感”作为人类劳动的源泉、个人道德的支柱、社会团结的道德基础，其以“责任感”为存在前提，是指在一个特定的社会环境里，在其生活中的个体，自觉积极承担并履行社会责任和所应尽义务的心理价值判断、人格素质和伦理关怀。社会不是无数个独立个体的简单集合，而是一个无从分割和相互作用的整体。“社会责任感”作为责任主体践行其行为的精神动力，当个体意识到社会的客观要求及他人的具体需求时，其主观责任意识便会变得愈发强烈，就能通过发挥其主观能动性履行相应的社会责任。“社会责任感”最终的指向是社会整体、国家和民族、人类的繁荣发展，作为社会的每一位有责任能力的个体，都必须自觉担负起自己对社会的责任。在广义层面，社会责任感涉及的范围比较广，囊括国家责任感、集体责任感、家庭责任感、他人责任感和自我责任感，具体表现为：对国家法律和道德规范的遵守、对集体义务的履行、对家庭责任的肩负、对他人文化习俗的尊重、对诚信意识的坚守等。

马克思主义政治经济学认为，人与动物的本能有着很大的差别，人可以能动地存在于社会生活中。人作为社会人，这种本质属性决定了其通过责任与义务，和外界紧密联系在一起。因此，任何一个社会成员在社会环境中不是孤立存在的，无数的个体通过改造客观世界的实践活动而形成完整的社会。每位社会成员通过一定的社会关系组合起来，并处于一定的社会组织机构中。于是，当个体在与外部的人员和事物进行交流、沟通与接触时，需要一定的“责任感”来维系。

任何一个社会组织中的个体，就自身发展而言是自己的代表，就社会发展层面而言，这个社会组织或群体的维系需要其成员履行相应的责任。“社会责任感”的建立基于一定的社会认识，并由此进入社会化过程中去，然后形成自己对所要承担并履行社会职责与义务的态度。社会责任行为是“社会责任感”这个最终衡量主体的重要标志，其体现了主体的责任认知是否到位、责任情感是否强烈、责任意志是否坚定，而这些都需要通过行动表现出来，否则，责任主体的“社会责任感”是无从体现的一个具有“社会责任感”的人，不但能积极履行强制性社会责任和自己的职业责任，而且能自觉履行非强制性社会责任和非职业责任。无论身处何种角色，其都会高效地劳动，从而创造出超过个人消耗的财富，满足整体和社会和谐发展的要求，从而推动社会的可持续发展。

社会责任感具有以下几个特征，第一，客观性。进入阶级社会以来，“社会责任感”便作为一种伴随着人类社会的发展而发展的客观存在，体现着社会对个人的客观要求，并在社会生活中彰显出自身的价值。每个人都需要承担起对社会的责任，反之将会受到相应的惩治。“社会责任感”对个人成长和社会发展的影响是客观存在的，人们可以通过提高“社会责任感”发挥作用的水平和程度，然而却不能无视抑或是人为地消灭它。一定的环境因素和物质条件也决定“社会责任感”具有客观性。第二，自律性。“社会责任感”作为对国家、集体、社会、家庭、他人和自我负责而产生的主观意识，其的自律性是社会主体履行社会责任的内在动力，是人们在是否承担责任和享受权利的经验总结中而形成的思想意识。这种思想意识的形成，开始主要来源于自然和社会压力的强制力量。当一个人从思想上意识到“我愿意做”，才能使责任主体逐渐将外在的社会要求自觉升华为自我的内在主观需求。第三，层次性。“社会责任感”作为社会主体积极承担社会责任而产生的内在意识，其的内涵决定了内容的层次性。在社会的大视野中，个人所处的位置和所扮演的角色不同，其所承担的责任便因此有所区别，因而其所表现出来的“社会责任感”便随之具有不同的内涵和内容。现当代的社会道德建设则需要更加重视“社会责任感”的层次性，在关注主体多元性的基础上，平衡各层次内部和各层次之间的“社会责任感”。第四，时代性。“社会责任感”的内容不是一成不变的，而是会随着社会的发展而不断变化着。一方面，“社会责任感”的某些内容会在实践中得到强化和发展；另一方面，“社会责任感”还会出现新的内容。

当代大学生的社会责任感，是指大学生在高校思想政治教育者有目的、有组织、有计划的指导和引领下，所形成的为建立和谐社会而承担的对国家、社会、集体、家庭、他人和自我等的责任感。其作为履行相应义务的自律意识、人格素质、崇高情感和坚定意志，表现为在坚持实践正义原则的基础上，一种有利于社会整体良性循环与协调发展的行为、坚持道德上的主张或真理，是对社会责任认知、情感认同和意志行动过程的统一。

个人和社会是彼此依存而互相作用的统一整体，只有作为社会主体的人具有高度的社会责任感，二者才可以和谐发展。在这个层面上，大学生的社会责任感是在社会发展中、高校大学生所承担责任的情况是否符合其内心责任所产生的情感体验。因为大学生在社会不断发展中，认识到自身所应承担的责任，便是将自身的社会实践活动与人类社会的发展联系在一起。具体来说，大学生的社会责任感包括以下几个内涵，一是从内容上讲，大学生的社会责任感是对国家、社会、集体、家庭、他人和自我等的各种责任；二是从构成要素上讲，大学生社会责任感是认知、情感、意志、行为相统一的过程，并且四个要素缺一不可；三是从培育目的上讲，对大学生进行社会责任感的培育，旨在提高大学生的使命感和主人翁意识；四是从主客体角度上讲，高校思想政治教育者在大学生社会责任感培育中发挥着重要的主体作用。

当代大学生的“社会责任感”不仅包括自我人生价值的实现，还包括国家责任感、社会责任感、集体责任感、家庭责任感、他人责任感和自我责任感这几方面的责任感。在广义的层面上，大学生的社会责任感是以上几方面责任感的有机统一，这些关键因素的相互作用，从而促成大学生形成强烈的责任感与担当意识；在狭义的层面上，大学生的社会责任感是指在高等院校接受教育的学生，根据自身情况履行相应职责和义务的认知和价值选择。对国家的责任感要求大学生热爱并忠于自己的祖国，认同国家和民族政治、经济、文化、生态等的发展，始终将中华民族的伟大复兴作为自己的社会责任，为建设社会主义现代化国家而奋斗终生；对社会的责任感要求大学生通过做一些力所能及的事情来回馈与服务社会，从而为社会的和谐与永续发展承担相应的社会责任。如大学生可以积极参加志愿服务活动，在奉献爱心的同时，推动社会的和谐发展；可以通过可持续发展的思想引导自己保护生态环境和不可再生资源，同时注重可再生资源的开发和利用；对家庭的社会责任感要求大学生承担起对家庭成员的责任，包括尊敬长辈、孝顺父母，照顾其他家庭成员，改善家庭生活等；对集体的社会责任感要求大学生热爱和关心自己所在的集体，为集体的发展建言献策，积极服从集体的安排，认真参加集体组织的各种活动；对他人的社会责任感要求大学生尊重他人，与他人和谐相处。当他人身陷困境时，应主动伸出援手帮助其渡过难关；对自己的社会责任感要求大学生对自己的生命、身体健康、心理健康、精神健康负责任，要有不断学习的求知意识，同时树立个人理想和社会理想。总之，无论是在广义的层面，还是在狭义的层面，大学生的社会责任感都是大学生对做好角色定位、承担相应责任、履行相应任务的一种情感体现，其作为社会的高知群体，代表着未来科技发展的能力，肩负着国家富强和民族复兴的重任。

第三节　社会责任感培育的内涵

社会责任感培育不但对个体品德的完善、人格的健全和自我的提升产生直接而深刻的影响，同时也关系到社会生产发展的总体进程，因此将社会责任感培育聚焦高校大学生是非常有必要的。大学生社会责任感培育内涵丰富，其过程可以分为内化和外化这两个基本阶段，具有教育内容的继承性、教育对象的整合性、教育目标的发展性、教育形式的可实现性、教育层次的阶段性这样五个特点。

一、社会责任感培育的内涵

“培育”一词在《现代汉语词典》中解释为“培养”；在《新华词典》中解释为“使某种感情得到发展”。社会责任感培育是思想政治教育的延伸，其是在广泛的社会大环境下，专门针对社会范围内的个体进行责任意识和责任行为的教育，并包括政府和社会组织在内的教育活动，对个体进行的责任指导和行为规范同时也是社会、学校、家庭等对拥有独立人格的社会成员进行责任感的培育，从而使其能够以昂扬的姿态承担对国家、社会、集体、家庭、他人和自我的职责和使命。对个体进行关于社会责任感的培育是思想政治教育的重要内容之一，但传统灌输式的教育方式不利于教育实效性和时效性的实现，也不利于增强个体的社会责任感。

社会责任感培育需要注重人文关怀，即以一种较为柔性的灌输方式，一种更具有生态学意义的教育方式，其可以引导个体将社会责任感形成的教育内容融入生活化的日常行为中，从而以一种润物细无声的方式进行教育。这样一来，在隐藏思想政治教育意识形态性的同时，有利于促进社会责任感培育可以找到突破口，从而着力增强培育的有效性。因此，社会责任感培育作为思想政治教育，在理念上是一次与时俱进的尝试，在对个体进行有效的社会责任感培育的同时，在寻求有力的内部支撑和有利的外部环境平衡的过程中，协同完成对个体社会责任感的教育，从而促进个体社会责任感的养成社会责任感培育作为青年责任教育的重要组成部分，不但对个体品德的完善、人格的健全和自我的提升产生直接而深刻的影响，同时也关系到社会生产发展的总体进程，因此将社会责任感培育聚焦高校大学生是非常有必要的。

二、大学生社会责任感培育的内涵

根据《现代汉语词典》的解释，“大学生”一词具有以下几种释义，一是在高等学校读书的学生；二是年岁较大的学生；三是方言，年岁较大的男孩子。大学生社会责任感的培育，是指通过科学的运用多种方法，针对高校大学生群体展开的、将“负责任”作为核心、将大学生的自我启蒙作为内部支撑、将社会的综合环境作为外在影响，使大学生在潜移默化中形成强烈社会责任感的一种思想政治和道德品格教育。大学生社会责任感培育通过一定的教育方法和途径，在增强高校大学生责任感的基础上，积极引导大学生进一步产生社会责任意识、具备社会责任能力，并外化为对国家、社会、集体、家庭、他人和自我负责的责任行为。具体而言，是指教育大学生具备法律责任、经济责任、政治责任和家庭责任等，最终达到其满足社会需求的、具有高度责任感的教育活动。教育者将各种道德责任规范作为教育指引，用社会责任感的培养活动来影响当代大学生，使他们在自觉行为中选择道德行为。通过培养当代大学生对自己负责的人生态度，逐渐强化大学生对国家、社会、集体、家庭、他人和自我的责任感，最终指向培养大学生的责任意识，并将该种意识转化为责任行为，从而使其成为对社会负责的人。对高校大学生进行社会责任感培育的重视，旨在促使大学生更加清晰地认识到肩负的历史使命，从而更加自觉地履行应尽的义务。施教者根据社会对受教者提出的责任要求和受教者道德发展的规律，有目的、有计划、有组织地通过一定的教育内容和方法，逐步形成一定的责任感，并养成自觉地做好应当做的事的心理态度，以及道德责任行为的习惯。大学生社会责任感培育包括以下几层含义，一是大学生社会责任感培育的主体是高校教育者，他们把握大学生社会责任感培育的方法与过程，决定大学生社会责任感培育的质量与效果；二是大学生社会责任感培育的内容和目标的安排与设定，需要体现出针对性和层次性，从实际出发，真正贴近大学生的需求；三是大学生社会责任感培育需要创新教育方法，充分彰显大学生的主体地位。

大学生社会责任感培育包括以下两方面的内容，一是制定以规范、原则和理想等形态表现出来的要求；二是将同规范、原则、理想等相联系的观念渗透到每个责任主体的意识中，使其可以评价其他社会成员的行为并对他们提出一些要求。这两方面的教育内容使责任主体形成相应的责任意识、情感、信念、意志和习惯，以及相对固定的责任品质。在高校这一领域，大学生社会责任感培育是各种在高校中组织的，以培育和发展大学生责任感为目标的，有计划的教育活动的过程，囊括与责任相关的理论知识、道德规范和责任实践的引导。大学生社会责任感培育强调对国家、社会、集体、家庭、他人和自我负责的相关性，强调爱国家、爱社会、爱集体、爱家与自爱的相关性大学生社会责任感培育的过程可以分为内化和外化这两个基本阶段。前者是将关于责任的道德规范转化为个体的责任意识，促进当代大学生群体的责任认知和情感认同，从而完成由客体向主体的转化。换言之，内化是指教育者通过讲授、学习等方式将责任规范转化为大学生的责任意识，变“社会要我这样做”为“我愿意这样做”。后者是将大学生的责任意识转化为责任行为，以期影响或改变外界客观环境，从而完成由主体到客体的转化。换言之，外化是指教育者将大学生的责任意识转化为责任行为，变“我愿意这样做”为“我正在或已经这样做”，以完成主体到客体的转化。这两个基本阶段的共同作用便形成了“主—客—主”的教育模式。大学生社会责任感培育需要以教育主体、客体、环节和活动为中心，处理好这四个因素之间的关系，注意区别传统德育活动以教师、教材、课堂为中心的教育模式，实现从“灌输”到养成的转变，并尊重大学生自主选择性和自觉能动性，才能凸显大学生社会责任感培育的最终追求，从而促进大学生的健康成长和全面发展。

三、大学生社会责任感培育的特点

大学生社会责任感培育具有以下几个特点。第一，教育内容的继承性。“社会责任感”是历史的永恒主题，顾炎武曾叹“天下兴亡，匹夫有责”。在当代，大学生仍需要以爱国主义为核心，以建设社会主义现代化国家为宗旨，以维护国家和民族、社会和集体等的利益为己任，以振兴中华民族的伟大复兴为使命。第二，教育对象的整合性。大学生社会责任感培育的对象是大学生，但高校教师与家长也应该纳入该体系中，并需要对他们提出明确的责任要求，从而实现社会大环境的优化，最终形成学校、家庭、社会三者的协调配合。第三，教育目标的发展性。虽然在当代，振兴中华民族的伟大复兴的目标不变，但每一时代赋予责任感教育的具体内容应该有所不同，因而目标也随之变化。第四，教育形式的可实现性。高校大学生可以从身边的小事做起，从自身做起，从学习、生活、工作中的细微处进行实践，因此可实现性较强。第五，教育层次的阶段性。大学生社会责任感培育需要针对大学生理解能力、知识水平的差异，分别制定社会责任感教育目标要求，按照由表及里、由浅入深、由此及彼的原则进行分层分类教育。

第四章　大学生社会责任感培育

第一节　中国大学生的群体特征

一、思想观念上的特征

当代大学生群体大部分是伴随着改革开放成长起来的独生子女。与父母那一代相比，他们从小生活在宠爱中，往往处在被照顾的地位。父母大都尽力为其提供优渥的生活条件，满足其物质要求。然而，父母缺乏对子女道德品质的培养与锤炼。部分大学生关注于现实的需要，而忽视了精神的需要，在精神上显得过于空虚，对信仰的追求过于物质化，因而拥有的社会责任感较少。同时，当代大学生群体生活在中国社会转型的加速期，市场经济大肆宣扬独立自主的观念，强化人们的个体意识及对自身利益的重视和追求，从事经济活动的人们必然从自身的利益需求出发选择自己的行为。当代大学生群体思想上向往独立，行为上追求标新立异，逐渐正视并积极追求个人的价值尊严和利益要求，其的自我意识、进取精神明显增强，但心理上较为脆弱、生活能力较差、缺乏社会责任感，非常注重自己在社会中的地位、作用和切身利益，因而缺乏理想主义情怀。主要表现为，一是愈发关心自己的前途和命运，注重通过努力学习来不断充实和丰富自己，更注重真才实学，表现出对自己负责的态度；二是奋斗目标和生活理想愈发明确和明朗，因而他们的生活态度越来越积极，既自尊自爱，又坚持底线原则，并具有相当的克制力；三是注重自省和反思，经常进行自我剖析。因此，当代大学生总体上，对自我责任的认知是清晰的，并符合社会主义核心价值观。市场经济的有效运行，需要的是利己与利他相统一的观念。因而自我价值与社会价值的实现是一个社会化的过程，前者只有在与他人的交往和联系中才能逐渐形成。

当代大学生群体思想活跃，他们大多数拥有丰满的个人理想并热切地渴望成功。但仍然有少数大学生认为理想太过虚幻，他们更关注现实生活，因而将理想的范畴局限于狭小的个人活动范围中，割裂了自我价值与社会价值、个人理想与社会理想的关系，更加注重自我价值的实现，并将个人理想凌驾于社会理想之上。少数大学生对个人爱好和利益过度敏感，使其社会责任感呈现出功利化的倾向。

二、价值取向上的特征

价值取向是贯穿于人生价值实现过程中的价值评价和选择导向，主要表现为如何正确认识和处理个人利益与他人和社会利益的关系。社会主义市场经济体制的建立、社会各方面的调整和变革，促使一些大学生意识到社会竞争的激烈，不少大学生的价值观就此发生巨大变化，日益从注重理想到注重现实、由社会本位向个人本位转化、从无私奉献或奉献与索取并重到更注重金钱的价值和感官的享受，将目光聚焦在个人的努力拼搏上，淡化了社会责任和集体观念。具体表现为一是重个人利益，轻集体利益。一部分大学生只注重自身发展和即时利益，而很少关心他人、集体和社会。二是重物质享受，轻精神追求。部分大学生对物质生活和个人需要过分看重，对精神生活和集体事业普遍冷淡，学习目标短浅，缺乏远大志向。三是重索取，轻奉献。当代大学生普遍存在的问题便是忽视责任与奉献，而强调所得，把追求工作的效益和收获视为等价。只要求他人和社会对自己负责，而不愿为他人和社会负责，缺乏履行肩负责任和义务的自觉意识。

三、行为方式上的特征

意识的自觉和理性深度有多种水平，因而责任行为也具有不同水平和深度。责任不仅是一种意识，更是一种理性行动。从心理学角度来看，多数大学生具有较强的责任意识，做到了“接受责任”，然而在责任行为方面缺乏约束和控制，导致责任意识与行为之间存在“知易行难”的特点。高校要充分利用大学生身上的教育优势，通过社会责任感培育达到人才培养目标，即具有高度责任感和过硬竞争力、个性和人格都得到健全发展的复合型人才。

第二节　中国大学生社会责任感培育的内容

任何教育理念和思想的实现和实施都需要以具体的教育内容为载体。在当下，高校实施社会责任感培育不仅仅要适应全球化的发展，而且要与我国和谐、科学、创新发展战略相统一。要使教育理念和思想取得成效，便要在实践中构建具有时代特征的社会责任感培育的内容框架。按责任的来源角度和责任品质的培养要求，对中国大学生可开展如下社会责任感的培育内容。

一、对自我的责任感

马克思指出，“人的本质并不是单个人所固有的抽象物。在其现实性上，其是一切社会关系的总和。”个人与社会是相互依存的，个人是社会存在和发展的基础和推动者。个人的发展离不开社会，社会的发展也离不开个人。在社会角度，没有生命个体的存在，便不会有社会历史的产生和发展。美国心理学家马斯洛将人的需要分为生理、安全、社交、尊重、自我实现这样五个层次，其中最高层次是自我实现。所以，当代大学生群体社会责任感培育内容最重要的是对自我的责任感。只有对自己负责，积极投身于社会实践中以实现自身价值，才能对社会负责。因此，培育大学生的自我责任感是培育当代大学生社会责任感的起点，其主要包括对珍惜生命的责任意识、对提高自我素质的责任意识以及对成长成才的责任意识。

（一）对生命的责任意识

爱惜自己的身体和人格，这是培育个人社会责任感的基础。生命作为一种责任，承担责任的过程便是实现生命价值的过程。从求生的原始欲望中派生出对自我存在的内在要求，渴望被他人接受和理解，个人的自爱意识也随之转变为社会性自觉的追求。个体的责任意识是从每个人对自己生命爱护的原始欲望逐步发展为社会性互爱的责任意识的。人的生命从来都不是私有品，珍惜生命是每个人不可推卸的责任，也体现着对父母和国家的责任。大学生应该具有对生命的责任意识，应该正确地看待生命，既珍视自己和他人以及自然界中其他生命的伟大与崇高，又认识到生命的脆弱，从而保持积极进取的人生态度，在相互关爱的基础上培育其社会责任感。与此同时，还需要承认和重视自己在社会中的价值。热爱自我的情感及接受自我的倾向，是与自爱紧密相连的自我肯定的态度。社会主义社会从根本上消灭了一切奴役和屈辱人的条件，每个人都正在成为社会的主人，人的尊严也正得到社会的尊重和保护。因此，大学生需要学会欣赏生命的丰富与绵长，学会尊重生命和思考生命的方向，并学会用爱心经营生命。所以，需要加强对当代大学生社会责任感的培育，促使他们充分认识到生命的宝贵，激发大学生对生命的重视，强化生命责任感，并引导大学生用积极乐观的心态去对待生活，珍惜自身和他人的生命，从而在生命的限度里为社会和国家的发展做出一定的贡献。

（二）对素质的责任意识

个人素质是形成责任意识的前提和基础，素质关系着人的前途和命运，影响着人的文明程度，同时又对社会的发展产生重大影响。社会责任感的形成和实践需要责任主体将外在的责任内化，从而形成自己的责任意识和行为。自律是指自己对自我行为的控制和约束，而这种控制和约束能力主要来自自身的道德观念。自律和自省意识是大学生整体素质和个人修养的前提条件，是其承担责任的内在品质。自律作为一种深刻理性精神的体现，其可以善于选择自己的行为、严格遵守自己与责任对象的“契约”关系、自觉地约束与责任目标不符的行为。只有达到了自律，才会成为一个高尚的、有教养的和有责任意识的人。所以，“徒法不足以自行”，自律集中体现了一个人的意志。在自律意识的指引下，人们可以在无他律的情况下做到自我约束。古人云，吾日三省吾身，一个人只有通过不断反省，才能确定自己的人生方向，形成良好的个人品质，从而完善自身。高尚的素质可以使大学生对社会有正确的认识，可以引领大学生正确处理与他人、社会、自然之间的关系，形成关心他人和集体的良好社会责任品质，从而在错综复杂的环境下保持清醒的头脑；专业知识是当代大学生从事学习与工作的重要本领，拥有丰富而全面的知识，是大学生成才立业、立足社会、为国效力的根本保证。当代大学生需要拥有高文化素质，努力把自己培养成深具文化内涵的专门人才。科学文化知识和道德水平不但是社会责任感形成的必备品，也是将社会责任感转化为责任行为的必要条件。

（三）成长成才的责任意识

当代大学生作为未来社会的接班人和建设者，在整个社会发展中占据重要位置。要培育大学生成长成才的责任意识，首先要让其明白学习科学文化知识的重要性。扎实的知识既是为了适应工作岗位的要求，也是为了提升自身的理论修养。而理想信念是一个人成长成才的精神动力和内在支撑，培育大学生自我成才的责任意识，需要使其树立坚定的理想信念，并将自身理想的实现与中华民族伟大复兴的理想紧密相连，从而将自身命运与整个国家和民族的命运联系起来。不要让青年学生空谈理想的崇高，而是要让这些理想激荡于激奋的情感和行动中，存在于爱和恨、忠诚和永不妥协的精神中。

二、对家庭的责任感

家庭作为社会的细胞，对家庭的社会责任感是形成社会责任意识的前提。当代大学生需要明白作为家庭成员，在接受家庭给予爱的权利的同时，也需要承担自己对家庭的责任。因此，要培育当代大学生的家庭责任意识，即培育和谐家庭的责任意识、感恩责任意识和文明家庭责任意识。

（一）和谐家庭的责任意识

愿为父母的安宁和幸福承担责任，是一个人富有社会责任感的基础。在社会主义和谐社会新道德的内涵中，培养当代大学生对父母的关爱主要体现为以下两个方面，第一，赡养和照顾父母。人是有思想的高级动物，知恩图报是为人子女最基本的责任。既要在经济上负担父母的生活所需，又要在生活上照顾和服侍父母。第二，尊重与理解父母。孝敬父母便是尽可能与父母生活在一起，要热爱和尊敬父母，对父母的生育之恩，有发自内心的敬重和感激之情；要在日常生活中为父母分忧解难，要虚心接受父母的教导，要与父母保持人格上的独立，更要尊重与理解父母。当一个人在家庭中学会了怎样用美好的感情对待父母时，才能做到在学校尊敬老师和友爱同学，在社会上助人为乐，进而才会升华到爱祖国和爱人民的高度。

除了孝顺和尊敬父母外，当代大学生也需要尊敬兄长和关爱弟妹。在中国传统文化中，手足之亲与孝顺父母是巩固家庭和维持社会秩序的基本道德力量，是并重的。兄弟姐妹之间要相亲相爱、和睦相处、尊重兄长、照顾幼小，才能正确处理好个人和家庭成员之间的关系。

除此之外，大学生婚后要维持婚姻的稳固。男女双方在成家的同时也就选择了承担家庭责任，便承担着未来抚养和培育自己子女成才的责任，因此要互相平等、尊重、理解和爱护等。因此，当代大学生家庭责任感的强弱影响着一个家庭的和谐与和睦的程度，同时不同程度地影响着社会的发展。家庭不同于社会和单位，其中的爱来源于每个家庭成员之间的无私奉献，而这种奉献则源自对家庭的责任。家庭责任感培育便是要培育并激发当代大学生的家庭责任意识，使大学生认识到自己作为家庭中的一员，在享受家庭给予自己爱的同时，也要承担相应的义务和责任。

（二）感恩责任意识

马克思曾说，“恩情是联结人与人之间的良好纽带，更是联结大到国与国、地区与地区，小到家庭与家庭、人与人，进而支撑起一个社会”；德国哲学家费尔巴哈指出，同情心、感激心和爱心、使你成为一个人。生活因感恩而美好，感恩是一种生活态度的体现，作为一种道德品质，也可以说是一种责任。当代大学生需要知道感恩父母、老师、他人和社会是自己的责任，明白自己的成长离不开他人和社会的帮扶，并将这种感恩意识转化为实际行动，从而切身体验自身的责任。

（三）文明家庭的责任意识

大学生同样应树立良好的家庭文明意识，注重家庭文明建设，在成长过程中摒弃盲目效仿的错误做法，学习家长道德素质较高的方面，正确认知承担社会责任和义务的重要性，对自己的生活习惯和道德品质进行自我教育与自我提升，自觉养成良好的道德基础，为以后进入社会责任意识的养成打下坚实基础。同样的，大学生也应重视自我情感的抒发和心理的引导，由于大学生缺乏系统的自我引导方法，应该及时地向父母师长寻求帮助，做到德才兼备、德才均衡，接受服务精神、奉献精神的教育，才能心怀集体、具备责任意识，从而促进社会责任意识的养成。社会责任意识以家庭文明意识为基础，文明家庭有助于大学生有较高的独立生活能力，积极协调自己与他人、集体与社会的关系，具备集体观念，懂得团队合作，懂得感恩与奉献，从而形成高度的社会责任意识。大学生作为社会群体及家庭的重要组成部分，建设文明家庭的努力对社会文明的建设具有不可替代的重要作用，而大学生社会责任的养成需要在文明社会的大环境和大背景中实现。大学生只有自觉建设文明家庭，才能自觉建设文明社会，从而自觉养成社会责任意识。

三、对社会的责任感

一个具有高度社会责任感公民的国家，其发展潜力与凝聚力都是无可比拟的。但社会责任感并不是与生俱来的，其是在后天的教育和引导中形成的。对社会的责任感是指对社会承担相应的职责和义务，即为保证自己在社会中生存和发展，而对社会所作出的付出。马克思指出，人的本质是一切社会关系的总和。因此，每一个人都不是孤立存在的，都要与周围的人们产生联系、互相制约。

（一）对国家和民族的责任感

我国自古以来就非常注重对国家和民族的责任感，“天下兴亡，匹夫有责”“人生自古谁无死，留取丹心照汗青”便是真实的写照。对当代大学生进行社会责任感培育，就是在了解我国近代历史和当前国情的基础上，通过讲授社会主义核心价值观等相关的理论知识，正确引导大学生审慎而理性地分析自己与社会的关系，培育大学生的爱国主义情怀和忧患意识，并创造各种实践条件，让大学生在积极参与政治活动的过程中，体验履行社会责任感而带来的心理上的满足和对自己的肯定；鼓励大学生关心社会热点问题，意识到自己是国家的主人，在享受国家赋予的各项权利时必须承担对国家和民族的责任，并自觉地将自己的命运和国家和民族的命运紧密相连，从而使大学生的社会责任感得以巩固和提升。

实现中华民族的伟大复兴，是时代赋予当代大学生的使命与责任，这一使命突出了青年发展与人民利益的一致性，为当代青年的奋斗目标指明了方向。“爱国主义”反映了个人对祖国的依存关系，是指个人或集体对祖国积极和支持的态度，体现了人民群众对祖国的深厚感情，是个人所应具有的公民道德之一。其作为中华民族的凝聚力和向心力的基础，是每一位中国公民必须拥有的品质和责任，更是每位大学生应尽的义务。“团结统一”扎根于中华大地，深深地烙印在人民的民族意识中，作为爱国主义的基本要求，其主张用团结的方式，坚持以仁爱的原则来处理复杂的民族矛盾，从而使各民族和睦共处；“爱好和平”作为中华民族精神的重要体现，既体现在中华各民族之间以和为贵与携手共进等方面，也体现在与世界其他国家和民族的友好交往上；“勤劳勇敢”则贯穿于中华民族生活和道德品行的方方面面，生动展现了中华民族人民的德行。一个人对国家和民族的热爱程度影响着其的社会责任感。一般而言，爱国主义情怀愈深厚，社会责任感就愈强烈。近代历史留下的一个重要教训便是：落后就要挨打。

社会主义现代化需要青年去建设、去实现，中华民族的伟大复兴需要青年去奋斗、去拼搏，培育当代大学生的忧患意识，需要坚持学习科学文化与投身社会实践的统一、坚持树立远大理想与进行艰苦奋斗的统一、坚持实现自身价值与服务祖国人民的统一，从而促使大学生自觉学习科学文化知识，把个人发展和命运与国家与民族的发展和命运相结合，努力提升思想道德水平和自身素质能力，为国家和民族贡献力量，努力成长为对党和国家和人民有所建树的可靠接班人，有理想、有道德、有文化、有纪律的社会主义建设者。

（二）对集体的责任感

集体主义原则强调个人利益与集体利益同在，但集体利益与个人利益发生矛盾时，个人利益要服从集体利益。每个人都生活在一定的集体中，不存在脱离个人的集体，也不存在脱离集体的个人。作为大学生，从对班级和学校负责，到对社会和国家负责。对集体负责，实际上就是要处理好集体和个人利益的关系以及权利和义务的关系。坚持集体主义是我国实现共产主义的道德核心，所以对当代大学生进行集体责任感教育便是要以集体主义原则为核心，使其理解集体主义是社会主义精神文明的标志，是大学生需要坚持的道德原则。集体主义原则促使大学生发扬集体主义精神、维护集体荣誉，认真完成自己在集体中的责任，服从学校的管理和规章规定，爱护校园公共设施，并以自己的行动维护学校的声誉。

（三）对生态环境的责任感

随着全球化的加剧，自然资源开始日益匮乏，生态环境也开始日益恶化。要改善这种状况，需要的不仅仅是支持科研技术、管理和维护等的大量经费，更需要每一位社会公民具有强烈的生态责任感。当代大学生作为我国社会主义建设的接班人，具备必要的生态责任感，无论是对我国还是对整个世界的发展都具有重要意义。

第三节　大学生社会责任感培育的方法与目标

一、中国大学生社会责任感培育的方法

所谓“方法”是指“人们为了认识和改造世界，所采用的活动方式、程序和手段的总和”社会责任感培育的方法即施教者对受教者所采取的思想、工作等其他方法的综合体系。当代大学生身处于变化莫测的时代，他们拥有较强的独立意识、自我意识和思考意识，所以大学生社会责任感的培育需要以创新驱动为动力，坚持与时俱进，一切以时间、条件、地点为转移。

（一）课堂教学法

课堂是教育最重要的空间。课堂教学作为在教育教学过程中使用最普遍的手段之一，是学生学习知识的最主要场所。因此，可以说，抓住了课堂教学，也就抓住了教和学的根本。其是施教者传授知识和技能给受教者的全过程，主要包括教师讲解、学生问答、教学实践等活动，以及教学过程中使用一些与之相关的教具。课堂教学将年龄和知识程度相同或相近的学生，编成相对固定人数的班级，再按学科教学大纲的内容来组织教材和选择相应的教学方法，然后按照相对固定的时间表，向班级学生进行授课的教学组织形式。与中学生相比，高校学生有更多的学习自主性与自由度。课堂教学作为中国高校道德教育的主导形式，是教育的核心活动，直接影响到人才培养的质量。

高校道德教育是通过课堂来实施的，主要是马克思主义理论课和思想品德课。我国高校思想政治教育的课堂教学形式主要包括以下几类：（1）思想政治理论课；（2）形势政策教育课程；（3）高校其他各门课程。思想政治理论课是高校思想政治教育的主渠道，而高校其他各门课程具有育人功能。中共中央对思想政治理论课地位和性质作出了最集中概括，“思想

政治理论课是大学生的必修课，是帮助青年大举生树立正确的三观，即世界观、人生观、价值观的重要途径，体现了社会主义大学的本质要求”。

马克思指出，“理论只要说服人，就能掌握群众；而理论只要彻底，就能说服人，所谓彻底，就是抓住了事物的根本”。思想政治理论课通过系统阐述马克思主义关于人类社会发展客观规律的真理性认识，促使大学生树立马克思主义的世界观和方法论，掌握马克思主义的立场、观点和方法，并掌握改造主客观世界的思想武器，有效地满足了大学生全面发展的需求；培养大学生自立、自信、自强的爱国主义情感和艰苦奋斗精神，进行以人生观、价值观、道德观为核心的思想品质教育，在进行法制教育的同时，增强大学生的法制观念。通过课堂教学使大学生在思想上得到理论的武装，并着力提高大学生的思想道德素质和科学文化素质，增强抵制“自由化”思潮和拜金主义、享乐主义、极端个人主义等腐朽思想侵蚀的能力，培育适应社会主义现代化要求的一代又一代的大学生，为经济的发展和社会的全面进步提供强大的精神动力和智力支持，从而为中国特色社会主义现代化建设输送各类知识全面、技术过硬、有政治觉悟的建设者。

（二）榜样示范法

自古以来，人们大都重视榜样的示范与引导作用，其承载着社会主流道德的价值取向，具有一定的激励效应。榜样示范法作为大学生社会责任感培育较为普遍的方法，其以一种生动、直观、鲜明的形式为大学生树立社会责任感的榜样。榜样示范可以将枯燥的理论转化成榜样示范人物的言传身教，从而激起大学生的思想共鸣和情感认同，并促进他们社会责任感意识的提高。运用榜样示范法需要选取贴近大学生生活的典型案例、反映当代大学生无私奉献的真实形象，以直接可感、真真切切的方式，在最大程度上引起大学生的情感共鸣。道德榜样的引导与示范，重在引导学习榜样的精神。

社会责任感培育需要善于指引大学生以一种全面而综合的目光来看待和分析榜样，深入挖掘其可贵的内在品质，而不能简单地模仿，从而将榜样的精神与自己的实际相结合。榜样示范者既可以是榜样人物，也可以是大学生身边的人，尤其是教师。教师是大学生最信赖的人，对他们社会责任感的培育与形成产生深刻的影响。因此，高校社会责任感的培育者即教师，需要以自己的高尚品质、人格魅力、渊博学识和行为举止为大学生起承担社会责任的典范，从而使大学生在生活中将榜样作为行为的向导，将社会责任感贯彻到现实的生活和学习中去。高校教师结合现实生活中正反两面的教育案例，从多个角度出发，使大学生分析并看透事情的本质，从而促使大学生在大是大非面前可以始终保持清醒的判断力。高校教师通过自己恪尽职守的工作态度促使大学生受到感染，使他们在步入社会后也能够秉持爱岗敬业的工作作风。与此同时，高校教师在教学过程中彰显出来的社会责任感也在大学生的成长历程中留下印记，并引领和感召着大学生。因此，高校教师需要明晰自己不仅是知识的传播者，更是社会责任的示范者，教师的榜样示范对大学生社会责任感的培育有着不可或缺的作用。另外，高校利用多种途径和方式来开展榜样示范活动，譬如定期组织模范人物的评选活动，通过各种讲座和交流会等形式，利用校园广播站对优秀人物进行大力宣传，以及利用微博、微信等宣传新载体来塑造和呈现生动的榜样形象，这些都有利于大学生提升自己的社会责任感。

（三）实践体验法

党的教育方针是教育与生产劳动和社会实践相结合，培养德、智、体、美、劳全面发展的社会主义建设者和接班人。在实践中，人既是创造价值的主体，又是责任的主体，责任只有在社会实践中才能得以实现。很多时候，大学生缺乏的不是对社会责任的感知，而是社会责任行为的体验和锻炼，同时，社会责任感培育的实效性也是落实在行为的践行。社会责任感培育兼具实践性与理论性两个方面的特点，因此，大学生社会责任感培育需要坚持理论联系实际、知情意行相统一的原则，依托社会实践活动，在实践中提高社会责任感，实现大学生社会责任感培育的知行合一。实践体验法需要在自我意识的基础上，主动接受先进思想和正确观念，通过自我认识、体验和控制以产生积极进取心，从而形成良好的思想品德和行为。其作为青年大学生社会责任感培育必不可少的方法，旨在通过有目的、有计划、有组织地引导受教者参加形式多样的实践活动，在实践中培养其所需的优良品德和行为习惯。要想社会责任感成为一种持续而稳定的道德情感也需要在实践体验中进行锻造。因此，社会责任感的培育，需要在认知的基础上，让大学生在实践体验中感受、认同和履行社会责任感，才能完成社会责任感培育的过程。在实践体验的过程中，高校教师往往会针对不同年级和专业大学生的需求，创设和选择多种情景，让他们在实践体验中感悟社会责任，并通过交流和总结使他们审视自己的思想和行为，从而使体验得到深化，达到知、情、意、信、行的统一。同时，高校积极通过开展丰富多彩的社团活动、支教活动，让大学生亲身感知并体验，引导他们正确认识国情、社情、民情，并更好地做到理论和实际相结合，从而增强集体荣誉感和社会责任感。实践体验法能够让大学生在参与社会建设的过程中，发挥自身的专业和智能优势，通过承担社会责任的行为，激发他们的学习动力和服务热情；在了解社会民情的同时，能够以社会成员的身份，理性看待各种不负责任的言论和行为。

（四）角色体验法

角色体验法是指在一定的情景下，高校大学生通过承担某种角色来做某些事情，在实践中体验到自身所承担责任的重要性，从而培养积极履行责任的良好习惯。“社会上没有抽象的个人，只有充当各种社会角色的具体的个人。”所以，在人生的不同阶段和场所，具体到每个人身上的社会角色是不同的，相对地，需要履行的责任也是不同的。在家庭中，大学生的角色是子女；在学校中，大学生的角色是学生；在社会中，大学生的角色是公民，等等。大学生可以尝试承担不同的角色，体验各种责任，从而为将来走向社会履行的不同责任奠定基础。譬如通过让高校大学生轮流当班长进行班级管理来亲身体验自己的角色对他人、班级的意义，充分发挥他们内心的责任意识。诚然，大学生在扮演具体角色的过程中，可能会出现多种多样的问题，教师应及时给予正确的引导，并在整个实践结束后及时做出客观评价。对积极承担责任的大学生给予肯定，对消极履行责任的大学生给予中肯的批评，让大学生明白责任履行的必要性。

（五）文化场域法

随着经济全球化的发展、市场经济的繁荣以及国外文化和思潮的涌入，大学生社会责任感的培育面临着困境，尤其是多元文化的冲击。文化场域法指的是，在全球多元化的发展和影响下，运用场域理论来研究思想政治教育而采取的最佳文化选择和教育的方法。思想政治教育需要将高校大学生社会责任感培育置于文化多元化的场域里，从而研究如何在当前文化多元化的影响下，选择最佳的适合进行社会责任感培育的方法。第一，要赋予社会责任感培育时代气息，并借助大众文化来强化社会责任感培育。通过设置流行的文化场景、借助大众文化的思潮、适当增加社会责任的流行元素，以便教育信息能够迅速地传播，使当代大学生在积极参与到社会责任感培育的过程中，在亲身感受和体悟感情的同时，使社会责任感深入大学生的内心；对于多元文化背景下社会责任感教育内容滞后的问题，要逐渐缩短社会责任感教育内容与社会现实之间的差距，使大学生可以对生活周围的事物形成正确的认识。第二，施教者要引导大学生在多元文化场域中，处理好履行社会责任感时的多种利益关系。施教者要结合实际、因地制宜，在局部利益和整体利益、个人利益和集体利益、长远利益和当前利益间寻找到最佳契合点，从而引导大学生积极主动地履行社会责任感；针对大学生的独立意识，通过线上线下双重教育模式使其充分认识到多元文化的特征，并使其能够对复杂的社会现象进行自我认识和亲身实践，并使之固定在大学生的头脑中，从而将社会责任感作为其思想和行动的指引。

二、中国大学生社会责任感培育的目标

目标是指在一定主客观条件下，人们对未来的一种期望。当代大学生社会责任感培育的目标具有以下几个作用：第一，导向作用。导向作用是指大学生社会责任感培育的目标将社会责任感培育活动的开展导向社会所要求的正确方向，保证教育活动在预定的轨道上开展，并产生高校和社会所期望达到的效果。第二，激励作用。激励作用是指大学生社会责任感培育的目标能够激发大学生学习和生活的热情，从而鼓励他们奋发上进。确定大学生社会责任感培育的目标，能使大学生增强信心，认清未来的发展前景，从而逐渐形成实现目标的驱动力；能使大学生产生成就感，从中感知实现个人价值的方向。同时，无论什么样的目标，都要经过努力才能取得相应的结果。在实现目标的过程中，大学生会遇到各种困难和障碍，这些困难和障碍是对他们的意志和能力的考验和挑战。总之，目标能够充分激发人们内在的潜力，从而战胜困难、克服障碍，达到预定的目的。第三，纠偏作用。纠偏作用是指大学生社会责任感培育的目标可以纠正偏离轨道的责任行为，从而保证教育活动不断向预期的方向发展。

社会责任感培育的基本目标是以大学生的健全人格为导向，使其成为能真正负起责任的人。通过社会责任感培育，使大学生形成完整的责任品质，不但能够意识到自己的各种责任，还能时刻保持融入生活话语体系的责任感。大学生社会责任感培育主要包括以下几个目标。

（一）引导大学生形成正确的社会责任认知

社会责任认知作为社会责任感构成的前提，其是指“主体按一定标准对社会责任的认识和判定，并囊括对群体行为规范的维护和所承担任务的完成，以及对共同活动的过程与结果负责等的是非判定”。正确的社会责任认知包括以下两个方面：第一，了解社会责任感的内涵。正确认识社会责任感的内涵是进行社会责任感培育的首要前提，社会责任感包括自身责任感、家庭责任感、他人责任感、集体责任感和国家责任感等内容，大学生要正确把握社会责任感的内涵，意识到社会责任感不但需要对自己和家人负责，更需要关注国家的发展。正确认识社会责任感的内涵，有利于增强大学生对社会责任感的认同，充分认识自身角色所承担的社会责任。第二，形成社会责任感的正确判断。大学生要能对自身及他人的社会责任感做出正确的判断与评价，从而更好地促进社会责任感的提高。

（二）激发大学生形成强烈的社会责任情感

情感，即客观事物是否符合人的需要、愿望和观点而产生的态度体验因此，所谓社会责任情感，是“个体在对社会责任认知充分认识的和深刻理解的基础上，对社会责任产生的一种态度体验。其将外在的理论和意识观念内化为复杂的情绪体验和理性的自觉认知，体现了主体是否自觉参加社会责任活动的态度”。社会责任情感作为社会责任感产生的必要条件，是责任行为的激励因素。强烈的社会责任情感包括以下几个方面，第一，对社会责任感的高度认同。当大学生对社会责任感高度认同时，会逐渐形成自律精神，从而在自我感知、判断和评估后形成正确的价值判断。第二，承担社会责任的积极性。大学生的社会责任情感具有持久性与稳定性，积极承担社会责任，有助于大学生在筑牢责任意识的同时，形成责任行为。第三，完成社会责任的成就感。当大学生获得了承担社会责任的成就感，其便会以更加负责的态度去完成任务。

（三）帮助大学生形成坚定的社会责任意志

社会责任意志，即“个体根据自身的主观愿望为实现责任行为，自觉地调节和支配行动，克服各种苦难和挫折而做出的持续的自觉努力”。坚定的社会责任感意志能够促使大学生在行动中通过不懈克服困难和挫折，在参与社会责任的活动中保持一贯性的同时，有助于大学生形成良好的社会责任行为。坚定的社会责任感意志包括以下两个方面，第一，社会责任感的自觉性。自觉性作为意识品质的核心因素，其要以正确而强烈的独立自主意识为基础和条件。第二，社会责任感的自制性。大学生在履行社会责任的过程中，总会遇到这样或那样的诱惑，这就需要施教者注重对大学生社会责任感的自制性进行培育，帮助他们树立符合国家和集体利益的理想来抵制各种诱惑。

（四）促进大学生形成积极的社会责任行为

社会责任行为，即大学生在提高社会责任认知，激发社会责任情感的基础上，将社会责任感内化后再外化为履行社会责任的行为。作为社会责任感形成的关键环节，社会责任行为决定了社会责任感形成的效果。社会责任行为既是社会责任感的最终体现和落脚点，也是社会责任感培育的最终目标其作为社会责任认知、情感和意志形成过程相统一的基础，它的形成有一个从不坚定到坚定、从不明确到明确逐步发展的过程。积极的社会责任行为包括以下两个方面，第一，社会责任行为要与社会责任认知相符。大学生要能够将正确的社会责任认知转化为积极的社会责任行为，从而达到理论与实际的统一。第二，自觉履行社会责任。大学生社会责任感在形成的过程中，总会遇到各种各样的价值冲突。因此，大学生需要能够进行正确的选择，从而自觉履行社会责任。

施教者要积极引导大学生将个别的和不稳定的社会责任行为转化为经常的和稳定的社会责任行为，并逐渐成为一种责任行为方式和习惯，从而促使大学生社会责任行为成为稳固的行为模式，最终形成社会责任感社会逐渐走向真正的“价值多元化”，多元价值共存逐渐成为社会各领域的普遍现象，人们不得不考虑各种因素，不得不面对各种各样的价值冲突，并对各种价值取向做出有益选择。大学生社会责任感培育的目标是培养大学生的综合素质和责任感。学会负责，从而使青年大学生能够以积极进取的心态来面对日益变化的社会，并成为新世纪富有社会责任感的合格公民。大学阶段作为人生重要的选择时期，当代大学生在职业、情感、生活等方面面临着诸多选择。同时，了解自我选择的意义、学会进行自由而审慎地做决定，并为做出的选择承担责任，是社会责任感培育的重要内容。

第四节　大学生社会责任感培育的实践

一、大学生社会责任感培育的指导原则

高校社会责任感培育实现理论与实践的统一，是指通过教育既要让受教者坚持用社会责任感培育理论武装大脑，又要使受教者积极参加丰富的实践，教育要实现理论武装与实践育人的统一。开展大学生社会责任感培育，需要遵循理论性与实践性的统一、教育与自我教育的结合和现实性和发展性的结合这三个原则。

第一，培育的内容要实现理论性与实践性的统一。我们研究高校社会责任感培育，首先就是要进行充分的调研、分析和总结教育的现状以及面临的问题，并找出问题背后的原因，然后才能对症下药。高校要坚持社会责任感理论教育与实践教育相结合，在高校内进行理论灌输固然重要，有利于受教者提高对理论的理解和认知，但仅仅如此并不能实现教育的目标，高校社会责任感培育重要的是让受教者可以用理解和认知的理论去引导自己的实践行为，也就是我们所认为的实现社会责任感内化并自觉践行。

高校社会责任感培育实现理论与实践的统一，是指通过教育既要让受教者坚持用社会责任感培育理论武装大脑，又要使受教者积极参加丰富的实践，教育要实现理论武装与实践育人的统一。由于社会责任感培育在高校这个范围的特殊性，因此，高校社会责任感培育要联合校内校外。社会责任感培育不能仅仅依靠高校这一平台，还需打造校内校外联合模式，充分利用校外的社会资源和家庭教育资源，共同为社会责任感培育传播贡献力量。在高校内部需要合理发挥校园组织的强大作用，其既是张扬个性、发挥组织能力、展现号召力的大舞台，也是传播社会责任感的重要渠道。首先要让校园组织负责人深刻理解社会责任感培育的时代性，必须与高校

群体的文化生活接轨，再让他们用自己的方式诠释社会责任感。在校外，家庭教育以潜移默化的形式影响着个人的世界观和价值观，是重要的教育资源。除此之外，社会中的不少教育资源也对传播社会责任感起着重要作用。如社区用宣传画册、墙报、文艺活动等形式所营造的良好的社会责任感培育的传播氛围，就有助于社区居民对社会责任感的理解；通过参观爱国主义教育基地，普通民众以直观的形式领悟民族精神。

第二，培育的内容要实现教育与自我教育的结合。坚持教育与自我教育相结合，即在教育过程中，施教者既要充分发挥主导作用，又要努力激发受教者进行自我教育，将教育与自我教育有机结合，从而实现教育的目标。自我教育是指受教者把自我作为教育对象，自觉主动地通过自我认识和自我控制，积极接受理论思想，产生实践行为习惯。在高校社会责任感培育过程中，要建立起教育与自我教育的机制，在总体上，需要通过各种教育环节、内容、手段的有机配合，充分依靠和发挥受教者自我教育精神和能力的教育系统工程。这是一种综合配套的教育模式，涉及教育的内容、形式和环节等诸多方面的科学结构受教者在施教者的引导和帮助下，接受社会责任感培育理论观点转化为自己的个体意识，并自愿将这些作为自己的价值准则和行为依据的过程是教育的内化过程。当受教者进一步将个体意识转化为良好行为，并多次重复这一行为，良好行为习惯所产生行为结果的过程是教育的外化过程。与此同时，高校社会责任感培育需要兼顾感性理性。在高校，社会责任感培育是思想政治教育工作的重要内容，但教育绝不是纯粹的思想政治教育，教育主体必须注重感性和理性的合理兼顾。在高校社会责任感培育中，教育主体需要掌握教育客体的心理活动和情感波动，注重将与高校群体的学习、工作和生活相贴近。教育要摆脱枯燥的灌输和说教，教育主体注重以自身的经历并以感性的形式倡导社会责任感，感性理性兼而有之，使教育客体在教育中得到教益。

第三，培育的内容要实现现实性和发展性的结合。一是重视教育内容的现实性，高校群体的价值多元、诉求差异都在客观上要求人才培养的规格、知识和信息的生产等有较大的差异，客观上要求对社会责任感培育内容和方式做出回应和调整。教育首先要与当下的社会环境和群体的生活现状紧密相连。人类早期的教育与日常生活有着紧密的联系，受教者理解教育是从与现实世界的生活关系中展开，带着个人的实践经验去面对现实，因此，教育内容的现实性是教育的支撑点。教育内容要围绕理论本身形成，并紧密联系受教者有针对性地开展；教育内容要联系当下的社会现实，包括世界的形势和中国的国情。二是规划教育内容的发展性。教育内容的发展性指不要将教育的内容仅仅局限在理论的本身，要努力将教育的关注点放在通过教育使受教者的思维方法得以转变，分析和解决问题的能力得到锤炼上，教育内容的拓展方向是推动受教者思维能力的提升。教育的现实性与发展性是密切相连、不可分割的一个问题的两个方面。教育的内容既要立足现实境遇又放眼未来发展，教育内容远离现实就会变成空中楼阁而不堪一击，但如果仅仅局限于现实也会使教育缺乏远见。随着科技的日新月异，高校社会责任感培育要实现线上线下的结合。科技的进步与发展，使手机和计算机几乎成为现代人不可缺少的物什，而随着智能手机时代的到来，微博、微信等活动载体已逐渐深入高校群体中，因此，社会责任感培育必须与时俱进，借助多样平台，开展线上线下联动模式，以高校群体更能接受的方式倡导社会责任感。

二、打造高校—家庭—社会三位一体教育模式

当代大学生社会责任感的培育，应从树立正确的教育理念出发，丰富培育内容，并延展教育形式，打造高校—家庭—社会三位一体的教育模式。

（一）树立社会责任感的培育理念

在当下，培育大学生社会责任感的首要前提是确立以学生为本的理念。在该理念的倡导下，高校的施教者需要将马克思主义唯物史观中涉及人的本质及现实的人在历史演变过程中地位与作用的理论基础，学会关心学生、理解学生、尊重学生，并在与大学生的相处中，尽可能与大学生共思考、同呼吸。马克思主义还强调，人民群众是社会物质的创造者、精神财富的创造者和社会发展的决定力量，并将人的全面发展视为人类发展的最高阶段，从而充分彰显了尊重与维护人权。以人为本，即以最广大人民群众的利益为本。以人为本运用到教育事业便是凸显主体的重要地位，即以学生为本。

在当代中国，社会主义现代化建设需要具有较高综合素质的人才。因

此，对当代大学生的培养，不应止步于对学科知识层面的培养，更应该是以道德培育为先，并注重体能素质与艺术熏陶的培养，从而全面提高大学生的综合素质。因此，高校的教育工作需要变“以教师为主体，以学生为客体”的传统模式为“以学生为主体，以教师为客体”的模式。在倡导大学生主体性地位的同时，努力促使其的主体性需要能够在最大程度上得到满足，从而提升其的主体性发展。所以，在培育过程中，需要多加关注大学生的全面发展，特别是需要培育大学生的社会责任感。当大学生在成长发展过程中遇到困难和遭遇挫折时，高校的管理人员和施教者应该及时给予切实有效与合理真诚的指导。与此同时，以学生为本的教育理念要求大学生在自尊自爱的同时，尊重他人的生命与财产，自觉自主地学会站在集体与他人的角度上，通盘而整体考虑问题的症结，并自觉承担起对集体与他人的道德责任，而不随意侵犯他人的权益。对身边需要帮助的同窗，主动伸出援助之手，同样地，对别人的帮助也需要满怀感恩之心。

关于培育大学生的社会责任感，高校是从素质教育的角度，向大学生传授权利和义务、选择和责任、自由与法律之间复杂而生动的关系。当代大学生在了解自身对社会责任感具有选择的权利，以及与此衍生的选择后应尽的义务，从而使大学生在做诸多选择时能够彰显主观能动性。高校培育大学生的社会责任感需要同现实社会对社会责任规范的要求相符，从而有利于高校德育工作的开展。

随着经济全球化和社会主义市场经济带来的诸多社会新问题，个人主义价值观甚嚣尘上，也随之滋生出享乐主义，社会责任感问题逐渐开始向社会的边缘蔓延，我国高校对当代大学生的社会责任感培育道阻且长。社会责任感培育的理念应该从当代大学生的身心发展规律出发。关于大学生社会责任感的培育问题，其应该建立在相对了解当代大学生内心发展需求的基础上，故而可采用灵活可变的问卷调查抑或是对话交谈的方式对大学生进行集中调查。建立在事实基础上的调查，可以促使大学生内心的需求和困惑能够得到切实有效的引导和解决，从而有利于他们培育社会责任感，并在此基础上有利于更好地学习其他学科知识。高校对大学生社会责任感的培育过程起着润物细无声的作用，德育无法在封闭环境下进行，因此大学生需要挣脱樊篱，学会选择和负责。在某种程度上，生活便是实践，而实践的目的则是为了提高物质的水平和精神的深度，即为了更好地实现人的全面而自由的发展。

社会责任感培育的内容来源于现实生活，而不啻于现实生活，教导大学生负责任的目的是更好地服务于现实生活。诚然，社会责任感并不是一成不变的，其随着人类社会的发展和人们生活方式的变化而变化。社会责任感与人们的生活实际息息相关，脱离了现实生活的支撑，社会责任感培育便毫无意义可言。每个人在不一样的场所里，扮演着不同的角色，因而其承担的社会责任便也是大相径庭的。在当代，大学生在实践中选择、履行与承担责任，从而使其的社会责任感获得提升。

通过树立崇高的理想信念引领大学生的社会责任认知，理想信念教育是大学生思想政治教育的核心。对当代大学生成人成才的培养目标而言，大学生在成人成才过程中的三观，即世界观、人生观和价值观，与个人的理想信念有着密切联系。同时，更与之息息相关的，还有大学生个人在政治层面上的观念、立场、品质，甚至在国家命运等方面。从事物反面来考虑，理想信念的缺失会导致大学生社会责任感的缺乏。由此可知，要使青年大学生明确自身肩负的社会责任且正确认知其意义而产生认同感，激发大学生勇于承担社会责任，积极履行社会义务，正确树立崇高的理想信念则是当务之急。因此，大学生理想信念教育必须侧重于社会责任感的认知和培育，以达到用理想信念教育引领大学生社会责任认知的目的。

一是要尊重和肯定大学生的人生理想和奋斗目标，并加以适当引导。理想信念教育并不是盲目顺应大流抛弃个人理想，这不仅违背了大学生的个人诉求和个体发展特点，同时也不利于大学生形成正确的社会责任感，这是不科学的也是不现实的，其正确含义则是要帮助大学生共同树立符合时代要求的、科学现实的个人理想。理想信念并不是个体求取功名利禄的功利化表现，而是对自身发展切实真诚的必备条件。享受当代得天独厚优越发展条件的大学生，同时也承担着来自经济形势、就业瓶颈、人际交流等多方面的压力。因此，思想政治教育必须积极正视、合理培养大学生的个性化理想，尊重当代大学生的个性化发展并以此激发他们积极而切实地履行社会责任与义务。

二是引导大学生共同树立符合时代要求的个人理想。全体中华儿女的共同理想是实现中华民族伟大复兴、建设有中国特色的社会主义。因此，施教者要注重引导大学生树立符合时代要求的个人理想，用习近平新时代中国特色社会主义思想指引大学生对其自身发展进行规划，积极开展相关教育，使大学生以高度的社会责任感和使命感，明确党的基本路线、我国基本国情和形势政策、对国家和社会所承担的社会责任，培养爱国主义精神，践行科学发展观，努力实现中国梦，民族自豪感和爱国热情也随之油然而生。在理想教育进程中，积极敦促大学生清楚地认识到只有在为远大理想奋斗的过程中才能体现自己的人生价值，实现个人的社会价值和个人理想，这也密切关系到社会发展与国家命运。

社会责任感绝不仅仅是单一而片面的，其中还包括自我责任感、他人责任感、集体责任感、家庭责任感和国家责任感等，这充分体现出社会责任感的多层次、多方位的特点。大学生的社会责任感不能仅仅停留在认知层面，还要从责任认知上升到情感认知，而大学生社会责任认同必须基于大学生对社会责任感的情感认同，这样才会产生履行社会责任的动力。

物质决定意识，意识根源于客观实践活动，在培育当代大学生社会责任感的过程中，高校需要为其提供各种实践的机会，从而让大学生通过在社会实践中循序渐进地提升社会责任感。因而他们的社会责任感也随着客观实践的发展而发展。大学生的日常学习与生活是实践活动不可或缺的组成部分。大学生社会责任感的培育不是一蹴而就的，是通过无数的小事凝结而成的，需要经过长期而反复的培育才能形成。倘若没有强大的道德能力作为后盾，当代大学生的社会责任感培育便无法持续。社会责任感也不是与生俱来的，而是需要通过后天习成，并需要经过长期的反复熏陶，以及通过社会实践来培育的，从而逐步形成责任能力。

（二）丰富社会责任感的培育内容

关于大学生社会责任感的培育内容，应该是基于立德树人的培育目标，充分挖掘社会责任感所蕴含的政治、历史、文化和道德等多个维度的责任感内涵。从政治责任感出发，由于责任是关于个体与他者关系性与社群性确立的语素，因此，高校德育需要主动彰显爱国主义和公共生活等政治性内容。尤其在当今社会主体性的特点过于放大而关系性的特点日呈式微的现实语境下，更需要强化“政治”意蕴和“关系”价值的培育内容。从历史责任感出发，需要培育大学生对自身及所在民族与国家的历史演进和发展过程等有科学的认识和准确的定位，尤其是对中国近现代史的理解和掌握，有利于促使其树立正确的历史观，并担负起促进历史延续和发展的时代重任。因此，高校需要以文化建设为着力点，让大学生徜徉在人类优秀文明成果和中华优秀传统文化的知识谱系中感知文化的熏陶，从而切实增强其文化自觉和文化自信，培育和建构其文化责任感从道德责任感出发，由于人之为人，实乃群伦公德，而群伦公德又依赖于个人品性的修养与德性的践履，因此需要教育大学生秉持勤学与修德的意识，坚守敬畏与慎独的意识，树立生态与长远的意识，不断提高自身道德修养，增强社会责任感。

第一，将以民族精神为核心的爱国主义教育作为社会责任感培育的关键。而这一关键贯通历史，既包括对过去历史的责任感，又包括对当前及今后的爱国主义情怀。没有过去上下五千年历史的沉淀，就没有现在的中国。

于普通人而言，以民族精神为核心的爱国主义的具体体现便是社会责任感。当代大学生作为关心祖国的中坚力量，将大学生个人情感与祖国命运相联系，便会激励其更加主动关心国家的发展与未来，从而从内心深处希望用行动来为维护祖国的统一做出自己的贡献。施教者应该准确把握当代大学生的思想脉搏，开展符合时代话语和潮流的爱国主义实践活动，帮助大学生树立正确的三观，即世界观、人生观和价值观，从而使其对未来有正确的理想信念，并提高其对肩负历史使命的认知，激发其奉献青春和为建设社会主义现代化中国而奋斗的热情。选取履行社会责任感的优秀大学生典型，通过他们的身体力行来感染并带动整个大学生群体的行为，从而从整体上提高大学生的社会责任感；通过确立正确的世界观、人生观和价值观的“三观”教育，帮助大学生厘清个人利益与集体利益的辩证关系，并了解如何正确处理两者的冲突，并从心理上树立为中华民族复兴尽心尽力的信念。

第二，国情教育是加强社会责任感培育的重要内容。当代大学生对国情世事并不十分了解，对国家仍处于大有作为的改革机遇期的认识不够全面，不愿主动分担国家在砥砺前进中的困难。了解国情，有利于青年大学生客观而准确地审视现实中存在的问题，并愿意参与到中华民族伟大复兴的实践中来。在具体的国情教育过程中，施教者需要用客观现实来帮助大学生充分认识我国的国情与发展现状，并结合现实的典型事例来了解在当代中国社会发展过程中所面临的困难险阻和已经取得的成就与未来的发展目标。当代大学生大都是“95后”“00后”，普遍年纪较轻，虽然不乏激情，但缺乏足够的理智和理性，心智水平有待成熟。施教者需要掌握大学生的特点，用包容和耐心来承担他们的重要引航者，从而逐渐将他们培养成为品行纯正、思想端正、态度积极，并对社会有清晰而正确的认识的人才。与此同时，施教者需要让大学生清楚认识到我国正处于并将长期处于社会主义初级阶段，仍然与发达国家存在明显差距，依然需要凝聚包括大学生在内的所有国民的共同努力才能实现国家的长远目标。施教者应该与大学生多加交流，讨论并分析近期国内外大事及与他们息息相关的生活百态，从而让大学生以自身为起点，学会关注国计民生，并树立用自身的实际行动来服务人类、促进投身国家建设的志向。在部署萨德的国际背景下，大学生应该发挥社会责任感，主动了解萨德的背景，并理智而冷静地以正确的态度和眼光审视这一政治事件。

第三，社会主义道德是社会责任感培育的组成部分。良好的道德品质可以让大学生认识到社会责任感的意蕴和自身的不足，从而主动承担责任。

以社会道德教育、家庭道德教育、公民道德教育这几方面作为大学生社会责任感培育的主要内容，致力于提高大学生这一特殊群体的整体人文素质，从而帮助其形成诚信友善、爱岗敬业、明礼诚信、遵法守纪的良好品质，提高其的自律能力，使其对自身的言行可以有效掌控，做到自我约束，成为有理想、有道德、有文化、有纪律的合格公民。在当代大学生道德观念的建设过程中，特别需要重视网络道德的建设。随着互联网＋的深入发展，良莠不齐的互联网内容对大学生的负面影响尤为明显。施教者应该充分运用互联网，以知识性和教育性为主体架构，将包络校内论坛、微信群、电子邮箱系统等在内的校园网络与高校本身的校园文化紧密相连，内容形式的编排也需要突出趣味性，紧跟大学生的思想动态，拉近施教者与大学生心灵上的距离。

（三）延展社会责任感的教育形式

在我国社会主义现代化的推进过程中，人的现代化是一个核心要素和重要目标。而人的现代化的基本特征是人的主体性的充分发挥。主体性是现代化的人的素质发展水平的内在尺度。尊重大学生的主体性是高校思想政治教育适应和推动市场经济发展的必然要求和现实需要。

1. 坚守高校作为社会责任感培育的主阵地

高校社会责任感培育在促进人的现代化过程中具有特殊的地位和作用，一方面传导社会规范和价值导向；另一方面满足人的主体需要。在高校社会责任感培育中，不能片面地强调教师的主体地位角色与社会的客观要求，而忽视大学生作为主体参与教育活动的主体角色，重视社会价值取向轻视受教者的个体价值取向。这在一定程度上把个体成长的社会价值与个体价值对立起来，在理想信念教育的目标要求中只强调满足社会的需求，忽略个体内在需要的满足，容易形成教育过程中的行政命令色彩，教育的单向灌输性挫伤了个体在高校社会责任感培育中的积极性和主动性，制约了大学生主体性的形成和发展，同时，也不能使教育要求真正得以贯彻落实，社会责任感培育停留于形式表面。

教育作为培养科技人才孕育知识的重要事业，在整个社会的各项事业中必须得到优先发展，这是实现人的全面与自由发展的重要手段。教育的社会与个体的统一是构建高校社会责任感培育目标体系的基础，是实现其教育功能的前提。因此，必须更新观念，整合高校思想政治教育的个体和社会价值取向，使大学生的主体性在教育过程中既得到充分发挥，又能够保证贯彻落实好社会的客观要求，在个人价值与社会共同价值的实现得到统一。社会的发展伴随着人的发展，高校社会责任感培育在传递与引导社会规范与道德准则的过程中，应该关注大学生个体的发展要求，在教育过程中重视引导和丰富他们的精神需求，把社会的发展要求和大学生的个体需要结合起来，通过社会价值与个体价值的内在结合，实现教育功利价值与人文价值的辩证统一，实现个人理想与社会理想的统一。

高校社会责任感培育接受的主体是具有现实需要的人，人的自身需求构成了社会责任感培育的出发点和归宿，这同时也反映了接受主体的能动性，高校群体首先要有接受社会责任感培育的需要；其次才谈得上能动地接受。这种需要不仅仅是物质上的，更重要的是精神上的需求，做到把广泛的需要和先进的需要结合起来才是最恰当的。所以，高校社会责任感培育必须既重视在物质层面的需求，又重视精神的需要，这样才能满足高校群体作为人本质上社会性的需要，有了需要的动机驱动和行动的反映支配，最终在高校推动社会责任感培育的实现。

教育主体互动模式的建立需要以“互相学习、彼此欣赏、共同提高”为核心的教育理念，让高校师生群体在平等而和谐的校园环境中恭谨而愉悦地接受社会责任感培育。在社会责任感培育中，高校教师既要完成自身教学内容，还要积极为大学生创造表达的机会。高校师生群体以语言、方法和活动等为媒介，不断进行多维度、多层次的沟通和知识、情感交流，以此增进彼此的价值认同和相互理解，并使大学生获得内在价值的提升。高校教师和大学生群体都应积极主动地与对方进行沟通交流，尤其是高校教师更应主动启发、积极鼓励大学生增进交往，扩大师生彼此了解。通过交往的加深使教育活动逐步成为双方知识共享、智慧共建、情感共鸣、意义生成的过程。

高校师生群体无论是在政治上、法律上，还是在人格上都是平等的，他们都有表达愿望和参加交往的均等机会，都有权利对客观事物做出发自内心的判断、解释甚至是辩护。高校教师群体和大学生在教育活动中既是主体，又是客体，他们身份的确定需要根据不同的时间和条件做出具体的变化。同时，他们的关系又是多向互动的，不但包含学生与学生之间、教师与教师之间，也包括教师和学生之间的多向互动关系。作为高校教师，必须以尊重高校大学生的主体地位为活动前提，发掘大学生的自身潜能、培养大学生的主体意识、塑造大学生的主体人格，发挥大学生的主体能力，使他们真正实现自教自律。而作为高校大学生，必须以尊重高校教师的主导地位为教育前提，充分发挥自觉性和能动性，把在互动中形成的共识运用于实践，在感悟中发展自我，在实践中历练自我，合力推进高校社会责任感培育的整合。

高校社会责任感培育需要以师生之间的彼此尊重、相互信任为基础。高校教师只有晓之以理、导之以行、动之以情，对高校大学生推心置腹，平等对话与交流，才能得到有效信息的反馈，从而摸清学生的思想状况。同时，高校教师应主动创造和谐、宽松的对话环境和氛围，并以循序渐进，潜移默化为原则，从生活、学习为出发点，然后再逐步进入正题，以此消除高校大学生的对抗情绪和戒备心理。再者，高校教师还应态度和蔼、语气平和，不能剥夺高校大学生解释与表白的机会，并针对其暴露出来的问题进行仔细的分析和疏导，从而使高校大学生心悦诚服地接受教育与批评，真正地实现思想认识的提高。

在高校实行师生互动机制，可以充分发挥高校教师群体的主导作用与高校大学生的主体意识，促使高校社会责任感培育能够行之有效地深入开展；可以极大地增强社会责任感培育的针对性。互动中的交流、对话和沟通有利于提高社会责任感培育的针对性和实效性，增强社会责任感培育的科学性和艺术性。高校师生群体的双向沟通与互动使大学生感受到人格上被尊重、心灵上被理解，从而积极将社会责任感内化为自己的价值观念、外化为社会共同的行为规范，也能够鼓励大学生不断接受新挑战，从而激发他们参与社会责任感培育的主动性和积极性。

高校党政领导在组织高校教师学习社会责任感培育的时候，在自我学习和领悟社会责任感培育内涵的基础上，要鼓励广大教师提出不同见解，互相教育，不能唯领导是从。鼓励各个层面的教师开展丰富的课外拓展训练来锻炼自己，同时领导也积极主动参与其中，在活动中增进领导与老师之间的情感交流，增进双方对社会责任感培育的理解与更进一步内化的需求。主体和客体在一定程度上相互转化，高校党政领导在教育高校教师的同时也接受着教师的指导，特别是思想政治理论课教师的专业知识的相关指导，与从事基础工作的教师发现实际问题的见解沟通。工作中所接触的层面不同，自然所熟悉的工作也不同，看问题的角度和对社会责任感培育的领悟也不尽相同。高校党政领导一般处理高校的党政工作较多，而普通教师一般接触的是教学工作与学术研究抑或是大学生的生活和个人问题，二者分工明确，上行下效，但是时间久了领导难以全面了解普通教师的困境，所以党政领导要时常下访，调查研究普通教师在教学和学术上遇到的困难，积极听取他们的意见和建议。让普通教师能够更好地从理论到实践，全面地向大学生传播社会责任感培育的内涵。

强化社会责任感认知教育：大学生社会责任感的培育工作必须使大学生首先产生对社会责任感的必要认知能力，并辅助以强大的自律能力，完成个人社会责任感由产生到提高的过程。该过程必须包含以下两个方面：一是高校通过责任意识教育强化大学生对社会责任感的认知。目前，我国大学生对社会责任感缺少必要的基本认知和全面了解，忽略自身社会责任感培育的重要意义，没有自觉履行心系家国和关心社会的责任，对社会责任感和社会责任意识的积极性有待提高。对大学生而言，社会责任认知是大学生日后承担社会责任、选择社会身份的重要保证，它有利于大学生自身形成符合社会发展客观需求的价值观念，是大学生社会责任感提升的强大内驱力，高校对大学生社会责任感认知的强化教育即对大学生社会责任感的培育。高校社会责任感认知的强化教育需在提高学生自我认知能力、拓宽学生阅读视野、增强学生知识储备、对学生进行品格素质教育等方面做好教育教学工作。在提高大学生自我认知能力方面，高校应开展以中外著名哲学家哲学思想教育为主要内容的自我认知能力理论课程，引导大学生在日常人际交往过程中自觉做到“吾日三省吾身”，及时反思自己的言行举止，认清自身存在的缺点和不足；在拓宽学生阅读视野和增强知识储备方面，高校应当鼓励学生提高阅读量，从历史各个发展时期的著作典籍中培养社会责任感认知能力，并与现代社会责任意识相结合，使大学生不断强化自身社会责任意识；在对大学生进行品格教育方面，高校应当进行将优秀传统文化与优秀现代文化结合，着力培养大学生自爱自强、孝敬父母、爱岗敬业、服务社会、忠于祖国的高尚品格，使之能够自觉以这些品格素质为指导，增强社会责任意识。

二是高校通过自律意识教育提高大学生自律能力。大学生自律意识的养成有助于他们自我引导履行社会责任，有利于大学生社会责任感的培育。高校应该对大学生进行自律意识的培养，帮助大学生掌握定期的自我反省能力，并通过自我反省改变自己不正确的、不利于社会责任感培育的行为，加强自我掌控能力，使自己能够正面应对社会上出现的偏离社会发展主旋律的现象，努力做到从自我做起，以从根本上逐渐偏离社会主流的思想，做到思想上的高度自律，行为上的自我规范，并树立正确社会价值观。

（1）加强高校内部建设。以师资力量和校园文化建设为代表的高校内部建设是贯穿高校对大学生社会责任感培育全过程的重要内容，对大学生社会责任感的养成起到潜移默化的作用。教师作为高校大学生在校期间学习的主要对象，其良好的道德感和责任意识对大学生社会责任感的养成起到促进作用，高校教师应当不断发挥模范指导作用，引领大学生有意识地培育自身社会责任感；提高自身专业素质，将知识理论体系超越教科书范围，在实践应用中全面增强知识储备，做好学生专业知识方面的引领者，促进学生的全面发展；同时高校教师要强化自身社会责任感，做到德才兼备，在承担社会责任方面起到积极的示范作用，做好思想道德教育方面的园丁。高校校园文化建设由高校精神文化和物质文化建设组成。其中精神文化建设是高校校园文化建设的核心组成部分，是学校开展教育教学工作的灵魂，其可以作为大学生培育社会责任感的精神依托；物质文化建设体现了高校物质条件所承载的文化内涵，高校在校园建设过程中的自然环境、建筑景观、教学设施等物质内容都可以体现高校的文化环境，这种文化氛围为大学生社会责任感的培育提供适宜的外部条件。高校大学生社会责任感培育与高校校园文化的建设具有重要关系，高校应该大力推进校园文化建设，发挥校园文化对大学生的塑造作用。

（2）对道德教育课程内容进行改革。高校道德教育课程作为大学生道德意识和社会责任意识养成的主要途径，目前我国高校对大学生德育课程建设存在一些问题，重视程度不高，形式化问题突出。虽然取得了一定的成果，但还需对德育课程内容进行改革，尤其在课程内容设置、教学方式优化等方面进行改革，以提高德育课程的实质性作用。在课程内容设置方面，高校德育课程应加强师生之间的交流，将课程教学内容向小班化、精准化转变。同时，课程对大学生社会责任意识的理论教育不应拘囿于课堂，而应该将理论知识与实践教学相结合，外化于大学生的实际行动中，通过高校与社会对大学生进行联合培养，促使大学生对不同的社会角色有基本的认识，以增强大学生对社会的责任意识。高校德育课程内容还应进一步充实，加人符合时代发展需求的社会热点和国家最新发展动态。例如加入以爱国主义为核心的团结统一、爱好和平、勤劳勇敢、自强不息的伟大民族精神，加入国家富强、民族复兴、人民幸福的中国梦，加入社会主义核心价值观内容，加强中国传统文化教育，用传统文化中的优秀内涵培育大学生包括社会责任感在内的良好品格。在优化教学方式方面，高校德育教学应改变灌输式的教学方式，重视教育过程中大学生的主体地位，提高大学生对知识的求知欲和学习知识的积极性，化被动式教育为大学生主动接受德育课程教学，可以增加社会责任意识在课堂上的情景教育，让他们在体验社会角色的同时，有意识地培育自我社会责任感。

在高校社会责任感培育过程中，构建其特有的校园主流价值观，这一校园主流价值观不但可以凝练师生的根本价值追求与实践宗旨，而且在共同的价值与信念基础上形成高校向心力。作为价值共识的社会主流核心价值观，为高校各个群体提供了共同的理想信念和道德规范。在高校进行社会责任感培育，是将理论的内在价值要求与高校群体的全面发展要求紧密联系起来。诠释和引申社会主义核心价值观所包含的世界观，展示其对国家、民族、社会与人所具有的政治、经济、文化和生活等方面的重要意义。高校将社会责任感培育渗透在教学内容和教学活动的基础上，采取行之有效的方法和途径，使社会责任感的内涵深入高校各群体的内心，才能促进高校社会责任感培育价值目标的实现。

2. 重视家庭在社会责任感培育中的作用

家庭教育作为每个人所能接触到的最早的教育，在人的成长过程中至关重要，不可或缺。在幸福而美满的家庭中成长起来的子女，大都是身心健康、积极向上的。家风是融化在血液中的气质，是沉淀在骨髓里的品格，是立世做人的风范，是工作生活的格调。因此家风的传承和弘扬需要引起父母足够的重视，特别是在社会责任感培育方面。对父母而言，家庭教育不啻为一门学问，更是一门艺术。因此，作为父母不仅仅需要关注青少年知识的掌握程度，更需要多加关注其道德品质的发展。道德品质的养成是大学生社会责任感培育的关键。父母需要有意识地、有方向地从细微处着手，来培育孩子对社会责任感的认知。只有这样，孩子在长大以后，便会有意识地约束自身的行为，逐渐成为一个善于对人和事都负责的合格公民。即对孩子习惯的养成需要趁早培育，促使其在走向社会后，养成宽以待人、严于律己的良好风范，从而承担起对社会、他人、家庭、自然应有的社会责任感。在家庭教育的过程中，父母需要明确这样的思维模式：社会发展需要的是德才兼备的人，德育与智育的培养同样重要。因此，父母需要改变传统的家庭教育观念。家庭作为青少年成长的港湾，其责任意识教育显得尤为重要。家庭可以从以下几个方面着手，以保证大学生社会责任感培育的基础性作用能够得到切实发挥。

（1）拓宽家庭教育内容。

家庭教育的内容不应局限于青少年的智力教育，还应该包括素质教育、品德教育和责任教育等。家长应努力培养青少年的感恩意识，感恩意识作为中华传统意识之一，有助于促进青少年自立自强、自尊自爱，是一种健全人格的体现。父母加强对青少年的感恩教育，培养大学生感恩意识，使他们尽早懂得社会恩情，从而自觉将这种关爱传递出去，慢慢养成社会责任感。同时，家庭教育内容还应该包括社会公益活动，诸如陪子女无偿献血、积极参加社会志愿活动、捐款捐物等。社会公益活动作为培养大学生社会责任感的有效途径，有助于丰富大学生社会实践经历，加深其对社会的理解，使其懂得帮助别人的意义，从而形成正确的社会责任感。

（2）营造和谐的家庭氛围。

和谐幸福的家庭氛围有利于大学生良好身心健康的发展，使其充满活力，形成积极乐观的性格。家长应该积极维护家庭和谐美满的氛围，向青少年传递正能量，营造家庭和睦的主旋律，促进大学生争当和睦家庭与和谐社会的积极建设者，从而培育大学生的社会责任感。除此之外，家长应该与青少年建立良好的沟通机制，促使积极有效的沟通成为解决问题的主要方式，及时关心了解大学生思想情绪的变化，解决其思想上的困惑，纠正错误的观念，引导大学生形成正确的社会责任意识。

（3）父母充分发挥榜样的力量。

父母作为青少年最好的老师，其一言一行都对他们产生潜移默化的影响。父母应该从自身做起，树立爱岗敬业、遵纪守法、孝敬长辈、诚信友善的良好形象，做好言传身教的工作，有高度的责任感、担当意识和强烈的事业心。父母良好的道德品质和高度的社会责任意识对大学生社会责任感的形成具有重要作用，为子女树立榜样也是每一位家长的责任和义务。父母应该不断提高自身素质，端正自己的言行举止，用自己最好的品行去教育子女。同时，家长应该在日常生活中以身作则，在不同的社会环境中做好子女的引领者，培育大学生德才兼备、勤奋刻苦的品格，帮助大学生树立远大的理想抱负，培养其乐观开朗的性格和诚信亲和的社交态度，并且形成高尚的服务意识，促进大学生责任意识的养成。

打破传统教育的樊篱，不能忽视关于德育的培养，而只注重无谓的考试分数。应掌握科学的家庭教育方法，从而创造平等而民主的家庭氛围。当孩子遇到困难、面临选择时，父母需要在指导他们的同时，给予孩子自由选择的机会，而不是专擅专断，剥夺他们自由选择的权利，这都会影响他们形成对自身行为承担责任的态度和意识。过去认为“只要孩子上了大学，家庭教育的任务就已经完成”的想法已然不适时宜，家庭教育是伴随孩子成长全过程的。由于学校教育和就业升职等，孩子与父母真正在一起的时间是有限的。随着现代信息技术的快速发展，父母可以采取发电子邮件、QQ 或微信语音聊天等形式关注孩子的生活，并通过潜移默化的形式对孩子进行家庭教育。大学阶段作为青年成长的重要阶段，父母需要定期与孩子进行交流，或是谈心。当发现其思想上存在问题，及时纠正并不断调整孩子的世界观、人生观和价值观，分别站在社会、集体、家庭或他人的立场上考虑问题的思维，教导其敢于承担各种社会责任。“身教胜于言教”，父母的言行举止、品行风范总会以润物细无声的形式影响着孩子的处事风格。父母需要在努力提高个人修养的同时，在现实生活中关心、体贴长辈，以一颗敬业爱群的心对待工作，形成良好的生活习惯。在家庭教育中，父母需要有意识地鼓励孩子参与诸如打扫卫生、做饭、洗碗等的家务劳动。除此之外，父母还需要多鼓励孩子积极参与诸如募捐、支教等社会公益活动。大学生在切身体会到人生价值是通过实践活动实现的同时，促进其社会责任感的形成。为使沟通更加顺畅，父母也需要利用业余时间来充电。可以通过阅读期刊、报纸，或是网络远程学习等来掌握相关的心理学和教育学的知识，以及科学的教育方法，从而更好地与孩子交流，并在沟通的过程中培育其社会责任感。

3. 为社会责任感培育提供社会保障机制

在中国大学生社会责任感培育的过程中，社会培育机制占据首要地位。因此，注重良好社会环境的营造对大学生社会责任感的培育具有重大意义。

（1）营造良好的社会文化环境。

社会文化作为社会思想与大众价值观传播的最主要途径，在大学生社会责任感的培育过程中发挥着关联性作用。第一，加快推进社会主义核心价值观事业的建设。我国作为历史文化悠久的文明古国，在五千年的历史精华中体现了许多关于责任教育的内容，例如“苟利国家生死以，岂因祸福避趋之”“先天下之忧而忧，后天下之乐而乐”等思想。社会主义核心价值观的加快推进需要社会文化环境提供支持，社会可以加大对大学生进行社会主义核心价值观的宣传力度，定期举办相关内容的专家讲座、讨论论坛等活动，并积极践行社会主义核心价值观具体内涵，将大学生社会责任感培育与之有机结合，从而真正做好大学生社会责任感培育工作。

第二，深入挖掘社会传媒积极作用。随着社会的不断发展，社会传媒逐渐以单纯获取高收视率为主要目的，开始朝着肤浅化、娱乐化、媚俗化方向发展，出现传统文化内容减少、品位内涵下降、教育引导能力减退等诸多问题。这一利益驱使性对大学生社会责任感的培育产生了一定消极作用，淡化大学生文化修养，使其思想长期处于迷惘状态。在新时代背景下，社会传媒应该承担起宣传社会责任感的积极作用，加强对具备正能量的社会人物的典型宣传，引领大学生树立为人民服务的意识、改变以自我为中心的自私心理，树立起具有高品质、高道德、高素质的学习榜样。同时，社会传媒积极作用的实现必须坚持实事求是的工作作风，坚决抵制典型人物事件宣传过程中过分夸大、不真实的行为，切实激发青年大学生社会责任意识。

第三，营造良好的社会舆论环境。大学生社会责任感培育在社会层面还需要良好社会舆论环境的营造。应该发挥新媒体的强大影响力，充分利用社会舆论的协调作用，扩大当代大学生社会责任感培育的作用方式。新媒体具有发展速度快、依附形式多等的特性，微博、微信等时下流行的社交软件以其便捷迅速的特点为大学生社会责任感培育提供了多种渠道，增加了便捷程度，也增强了作用效果。以新媒体为代表的社会舆论对大学生社会责任感的培育固然起到了积极作用，但倘若不能加以管制，保持社会舆论的先进性和纯洁性，那么社会舆论也会变成阻遏大学生社会责任感培育的因素之一。新兴的新媒体方式大都以互联网为主要载体，这使互联网的治理规范化显得尤为重要，使用互联网人群范围广、结构复杂、传播信息简单，这些因素导致互联网上存在部分低劣图片和有害信息，这些与社会和谐相违背的因素在很大程度上影响着大学生的身心健康，并且极有可能导致其价值观出现偏差，社会责任意识模糊。所以，相关政府部门必须加强网络活动规范化建设，严厉打击网络传播不良社会信息、危害大学生社会责任感培育的行为，不断拓宽网络良性教育渠道，完善监督管理机制，为大学生社会责任感培育提供良好的网络舆论环境。

（2）营造积极向上的社会氛围。

积极向上的社会氛围是大学生社会责任感培育的必要外部条件，只有社会氛围和谐健康，大学生才能潜移默化地自觉培育责任意识，强化自身责任感。积极向上的社会氛围包括热爱国家、甘愿奉献、勤俭节约等。目前，我国仍处于社会主义初级阶段，社会主义市场经济体制发展仍不够完善，社会上业已出现一些诸如道德素质滑坡、法律意识淡薄等不良风气。政府必须大力整治这些不良社会现象，加强道德和法律意识，以及对社会的约束和监管力度，建立健全法制规范，积极营造良好的社会氛围，为大学生社会责任感培育提供和谐健康的外部环境，使其自觉接受社会氛围的熏陶，不断强化自身责任感。同时，积极向上的社会责任氛围的营造也应包括建立健全社会责任制度，将鼓励履行责任与惩罚逃避责任两种方法相结合，促使社会形成良性的责任导向机制，有助于大学生社会责任感的培育。

第五章　社会实践教育模式下的大学生社会责任感培育

第一节　大学生社会实践活动对于培育社会责任感的意义

一、社会实践活动有利于青年学生树立积极向上的价值观和自觉意识

马克思认为：如今存在的一切社会历史活动，究其原因都要求经过人民群众创造历史的社会实践活动才能得以实现，也只有通过人的可靠认知和创新社会实践活动才得以推动社会不断前进，而创造这一切、拥有这一切并为这一切而斗争的，不是历史，而正是人。大学生在学校的基本任务除了积极学习文化知识之外，更为关键的是学会如何做一名对家庭对社会有用的人。社会在不断发展，竞争压力不断增加，对每位大学生的综合素质要求也在不断地更新和提升。在这个方面来讲，大学生就应该在学校内部这个小社会的实践活动中积极锻炼自身的意志品质、珍惜各种学习机会，不断挑战自身，超越自我，掌握竞争中的主动权。同时，青年学生积极参与各类实践活动，可以使青年人真切感受到自身能力水平和社会实质要求间的距离，真实认识到自己能力的不足之处，从而务实地去重新给自己的能力进行有效定位，逐步找到自己在社会中所处的位置。综上所述，广泛的实践活动在多角度上都有利于青年学生进一步培育正确的价值观和责任意识。

二、实践活动有利于大学生提高全面的素质品德

大学生的各类实践活动，是按照学校的要求了解国情、接受教育，是推动青年学生素质教育的不可或缺的必经环节，是连接教育与科技、教育与经济不断结合的必要方式和路径。大学生的各类实践实操活动每一程序都要求大学生能自发自觉地将所学的文化科学理论知识与现实工作现实问题相结合，自觉对已学过的理论知识进行转化和发散，从书本中来，到实

践中去，发现问题解决问题，然后在总结经验回到书本知识，不断提升自身运用知识解决实际突发状况的能力。社会实践活动逐步地丰富大学生的思维，在与自然亲近的同时，随之提高自身对外部环境的认识与感知，从而加强自己动手能力的培育，全面要素相结合，逐步养成务实积极的工作作风和生存方式，逐渐塑造成为多方面发展的优秀人才。

三、实践活动助力于提升大学生的责任感与自觉性

大学生实践活动都是以社会主义的集体利益作为根本价值目标，将行动主体的发展视为前提要件，通过紧密联系集体与个人，来增强参与者的主体责任感的一个循序渐进的过程，而它的终极目标就是培育大学生形成健康合理可靠的责任感。大学生培育自身的社会责任感也是一步一步进行的，首先要做到自律，和善的对待他人，进而学着去服务社会、奉献自身的力量，进一步上升为社会责任意识。与此同时，我们应当注意到不当的实践活动青年人责任感培育起消极作用。

随着社会的不断发展，价值观也处于变化之中，容易受到社会不良环境和社会负面舆论的干扰和影响，刚出校门的大学生对整个社会的了解很少，不能全面地看待社会问题。当代青年学生要学会辨别不当的各类实践活动，降低其对青年学生自身责任感与自觉性培育产生的消极影响。

社会实践活动是指将认识错综复杂的社会清醒、服务社会各种需要为基本方式，依靠丰富多样的行为方式为载体，通过相对较持续的实践基地来进行操作，通过创设实践活动长效保障机制来保驾护航，指引学生逐步迈出大学校园、走向群众、深入群众、面向现实，进行的教育实操课程、专业知识实习培训、问卷调查、青年志愿者活动、征文宣传活动、科学发明竞赛以及勤工俭学等项目。实践活动是人们认识并改造世界各种活动的总称，是人们探求真理、发现真理、运用、验证并且进一步发展真理的基础。大学生是社会进步的主力军，更是未来时代发展的代言人，被社会赋予了艰巨的责任，承担起伟大祖国富强、民主、文明、复兴的时代使命。社会实践活动较为丰富，可分多种类型，在实践时，需要针对不同专业、不同年级的大学生特殊的特点，来提出不同的目标和方案。高校开展的各类实践活动有利于青年学生培育积极向上的价值观、人生观，有益于学生们提高全面思想素质品德，助力于大学生培育自觉性和责任意识的课题任务。

第二节　社会实践活动中大学生责任感培育存在的问题及原因分析

我国自20世纪70年代末恢复高考制度以来，一直实行应试教育的政策，升学率成为判断学校水平的衡量体系，学习成绩也被认为是评判学生优劣的重要标准。但是这种观点是滞后的、片面的，由于这种政策致使部分大学生的社会责任感单薄，一些学校也忽略了实践活动的重要性，只注重学习成绩，不关注内在素质的培育，给今后的思想建设埋下了不良影响。实践活动是人们认识并改造世界各种活动的总称，是人们探求真理、发现真理、运用、验证并且进一步发展真理的基础。大学生是社会进步的主力军，更是未来时代发展的代言人，被社会赋予了艰巨的责任，承担起伟大祖国富强、民主、文明、复兴的时代使命。

一、社会实践活动中大学生责任感培育存在的问题

（一）大学生自身实践活动中出现的问题

社会责任感本身属于道德范畴，社会对于学生是否能自觉履行社会责任并没有强制性的要求，只是出于大学生的主观自觉性，这就会引起一系列的道德问题，而这与我国依旧缺乏健全的权责考评体系、不完善的考核制度分不开的。康德曾指出：凡是在道德上有价值的人都应当具备承担社会责任的意识，知道自身责任而不承担责任，不承担任何义务的东西，不可以称为人，只是物件而已。从现实实践中我们可以看到，社会对一个人是否履行社会责任更多的是自觉自愿不强制的，在大学生群体中，社会对他们的要求也多半出于主观能动性，没有其他约束机制进行规制，因此出现了诸多问题。

1. 制约与激励机制相当欠缺

社会责任感的培育是一个循序渐进的过程，而在成长的过程中不可缺少的就是制约机制的调整作用，而机制往往在任何系统中都起着基础性的作用。大学生是时代进步的代言人，也是经济发展的主力军，在参与各类实践活动中，要真正实现高校育人的教学目标，培育出德才兼备的优秀人才，就必须要建立起对大学生自身社会实践活动的长效制约机制，为培育正确责任观建造优质的外部氛围。可以说，即使青年学生作出了不道德的行为，在实际操作上也没有相应的制约措施进行强制。

虽然社会在不断变化、竞争机制也在日益更新，国内高校对大学生的整体评价依旧停留在专业考试的成绩上，并根据成绩评奖评优，考得高就是好学生，没有得到奖学金的大学生就是不认真的大学生，这样把做人做事的教育放到了后面位置，无法对大学生意志品质进行全面系统的考核考察。因此，高校在注重强化制约协调机制的同时，还应当创设合理的鼓励措施。

2. 评价与保障机制亟待改善

通过走访了解，目前高校对各类实践活动的评价机制仍然有很多有待完善之处。评价方法过于单一，使学生参与活动近乎流于形式，效果根本得不到充分的展现。另一些评价机制只看成果不问过程，缺乏激励性这就很容易在一定程度上挫伤了大学生参与活动的积极性，甚至形成了错误的认知导向，我国现有的评价机制有待改善。

目前，我国社会和学校在大学生社会实践方面的保障措施不完善，没有相应的规章制度加以保障。在实践机构、参与机会、资金投入方面均不能满足正常社会实践的要求。各级政府和各类的团体组织应当尊重大学生在各类实践活动中的主体参与地位努力为青年学生提供更多实践实操活动的机会，做出客观积极的评价，维护参与责任主体参加各类社会实践实操活动的积极性。社会各界需要在不同方向上助力于现代青年人的各类实践活动，主动引导学生们养成正确的责任感，互相学习，共同进步。

3. 长效机制必须建立

不断致力建设培育青年责任感和自觉性的长效指导机制是一项系统性工作，到目前为止中国并没有设立大学生各类实践活动的长期指引机制，这就无法连续地有效地长期地对社会实践进行系统的指导，有关部门应当作出更细一层的规划。应当根据现实的经济发展状况，与时俱进不断创新，继承和发扬积累下来的成功经验和措施，更需要紧密联系当下社会经济政治发展和教育改革的方向和要求，从当代青年学生的新情况出发，逐步创新新思维、总结经验教训、发现新路径。

4. 监控反馈机制有待丰富

现今实践实操活动依然处于探索阶段，所以实际开展社会各类活动的过程中必然会经历各种类型的难题以及复杂的情况。当前国内并没有一个较为完善的监控反馈机制，各个学校进行的社会实践活动所得出的经验教训只能在各自的集体内消化，并不能有效地进行分享、及时解决问题。同时，信息时代已经到来，万维网也已变成当代青年学生学习的一个不可缺少的平台，在网络中，信息种类更为丰富、信息交流更为发达，但是到目前为止，我们没有一个固定的现实平台或者网络平台进行有效的监控和反馈。

（二）学校培育与社会要求不符

1. 实践要求与社会需要不相吻合

社会是一个集中的带有强制式的整体，社会的现实需求也是带有强制性的特征，当前国内各所高校都在积极地开展多种方式的社会实践活动，主要以思想政治类、社会体验类、参观考察类为主。而这便与社会实践单位的需求不一致，大部分实习单位都以追求经济效益为第一目标，对服务类活动的热情比较低。高校青年学生自身各类实践活动的开展应当尽量遵循经济政治发展的客观规律、符合社会现实对人才的需求。

站在大学生自身位置的角度来看，大学生在学校学习期间都是以课本的知识性学习为主，人际交往协调能力、语言表达能力、团队内部协作能力都较弱，大学生的社会活动运行时间少、周期短，实操能力相对较低，不能立刻适应工作的要求，对按时按量地完成活动单位的工作要求还是比较困难的，无法以最快速度为实践机构带来现实的经济金钱效益。部分实践活动对口企业也会感觉这些参与的青年人进行的实践活动，并不会很快给公司带直接现实的经济利益，也就不愿意增加人力、财力予以投入。这样便造成现在青年学生参与各类实践活动与企业现实追求之间的断层，以至于会严重打破大学生以后继续开展实践活动的进程。

2. 实践活动不适应学生的需求

作为受教育主体的大学生来说，本身即是一个丰富多变的群体，具有思维的多元化和需求的多变性。只有深入探析并且准确把握各阶段大学生的特殊需求，实践活动才能得到较好的实际意义。虽然大学生自身社会实践活动一直在不断地发展和创新，在细则和方式上也不断丰富，但是依旧受限于资金经费、社会环境诸多方面的影响，形式以社会调查、志愿服务等形式为主流，在大学生有时间有热情时，但是因为学校的经费和指导老师有所限制不会大规模的组织进行社会实践，参与主体便以分散实践的方式进行，致使社会实践活动的效果并不明显，在动手、创新和就业等能力的培育上作用有限，学生的积极性受到打击，兴趣日益下降，学校开展的活动并不能根据学生的特别情况来完全满足学生的个性需求。

3. 实践活动与责任感培育相脱节

开展思想文化素养教育，逐步提升青年学生的道德涵养程度，将马克思思想教育的内容融汇于整个大学生实践活动的进程中是组织社会实操类活动题中之义。就目前而言，各所高等学校把社会实践实操活动工作的重心放在组织和安排一定的实践小队或某一类的社会实践实操活动上，没有做到统筹兼顾，忽视了对具体同学的个别指导，致使部分参与主体无法充分的激发自觉性和热情。大部分青年大学生都能认识到积极参加各类实践活动的珍贵意义，可是因为缺乏完整计划和实施细则，导致这些大学生没有途径发现与自己特征和爱好相适应的实践类活动。

青年人参与实践活动的热情日益降低可以分为内在以及外在两个方面来解释。内在原因包括部分大学生尤其是应届毕业生，面临着公务员、考研、雅思等其他考试的到来，近乎没有时间去参加社会实践活动。外在原因可以概括为高校在组织参与主体参加各类实践活动过程中缺少行之有效的指导鼓励措施，活动针对性差，活动形式单一，这不免会降低大学生的参与度，同时，部分高校将社会实践活动列入了学分成绩管理，处于被动参与的部分大学生抱着应付的态度完成，这就为培育和推进这部分学生的责任感和自觉性的工作增加了阻力。

二、社会实践活动中大学生责任感培育存在的问题原因分析

黑格尔曾经说过：人的道德能够称为是道德，全部源于具有明确知道自己应当承担社会责任这样的一种思维意识。人们自觉承担责任的前提和基础就是要具备强烈的责任意识，责任意识越高，自觉性和责任感越突出。随着社会的不断发展，人们的价值观也在日益变化，独立意识、自我意识在这个时代备受推崇，“90后”的大学生们更关注的是自由、平等和个人价值的实现，而社会观念、集体观念则相对较弱，其中有作为学生自身局限性的原因，同时也有社会其他方面的责任。

（一）大学生实践活动体系不健全

面对实际来看，当前青年人自身实践活动缺乏完备的运行制度，部分高校在组织和指导各类实践活动方面，体现出一种零散的状态，体现出极大的随意性和不确定性，从而欠缺系统的整体的规划布局。在进行社会实践活动的时间安排方面，一些高校存在着较为狭隘片面的理解。有的只在寒暑假期间开展一些较为简单的志愿者活动和社会调查，虽然花费了人力物力，但是参与者的参与感并没有得到满足，教育效果也不尽人意，开学后上交一篇调查报告即可，这根本达不到预期的教育效果。所以，迫在眉睫的事情就是要尽快健全和完善学生自身实践活动的运行制度，以此来规范和指导当代学生的各类实践活动。现有的体系仍存在着一些问题，主要体现在两个方面。

第一，缺乏组织制度。在寒暑假前，学校只是布置一个实践活动的假期任务，学生们自身完成，对于社会实践活动范围并没有一个严格的界定，也不会进行具体细致的介绍，更没有专业老师的指导，怎么样撰写社会实践报告也没有明确的要求，这使大学生在假期内并不把社会实践活动看作重要任务来完成，所以无法达到原定的效果。

第二，缺乏检查制度。站在参与假期的实践活动的大学生的角度来说，开学后上交一份报告书同时附带实践活动单位的证明信就可以过关了，没有实质上效果的考察，也不会有组织进行后续的鉴别和评判。之前进行的活动完成得好与坏在结果上并没有差别，加之这方面的激励机制更为不健全，这样就更难激发大学生参加社会实践的热情和自觉性。对于各

所高校来讲，各高校之间也存在这竞争和比较。但是，就目前而言，在评判各个学校的社会实践工作中依旧是听汇报多，实地考察较少；重视活动的规模和影响，轻视实际的作用和效果；只关注这件活动能否带来实际的经济金钱效益，而忽视了这件活动在思想道德建设方面的重要意义；而且会将主要精力投放到国家重点院校，忽视对绝大部分高校社会实践活动的指导和支持。适时改变对高校各类实践活动的评判标准，调动广大师生参加实践实操活动热情是完善青年学生自身实践活动体系的必经之路。

（二）大学生参与自觉性不足

1. 大学生社会认知的肤浅

社会分为不同的阶层，每个阶层的群体都有着各自的特点，大学生作为社会的新生力量和未来历史的创造者依旧有着自身独有的特点和局限性。初出校园的大学生思想都比较单纯，社会阅历较少，对复杂的世界认识相当不足，面对是非善恶并不能准确的作出判断。

随着社会的发展变化，人们价值观也随之不断改变，价值观念的多元化成了趋势，而社会生活本就是复杂多变的，大学阶段实质上是一个学生建立价值观的重要阶段，如果遭到外界不良信息和社会负面舆论的诱导，更无法合理对待个人利益与集体利益之间的关系，最终无法承担起应有的责任。如今也存在部分大学生虽然已经意识到自身的社会责任，但因为外界原因，使他们不能将责任感上升为内心的信念，以至于不能一直坚持的去承担自身的社会责任。

2. 缺乏责任担当的实践能力

培育大学生自身社会责任感的目的在于培育出能够肩负起社会主义经济建设的重任的未来代言人，从而加快社会主义现代化建设的步伐。不可否认的是仍存在一部分大学生缺乏承担社会责任的能力。第一，在专业基础能力的掌握上，一些大学生自进入大学校门摆脱了家长和教师的严格管教后，根据自身的兴趣爱好来看待专业课程，感兴趣的就认真学习，反之不感兴趣的则采取一种消极的态度仅是为了应付考试，这种不正确的学习态度必然引起学业倦怠，对大学生在专业技能的接受与消化方面产生威胁。第二,一些大学生的实操实践能力偏低。在校园中，长期的专业理论学习使学生忽视了对社会实践能力的培育，同时部分青年人缺少必要的自觉就性和主动性，几乎从不参加学校组织的各类活动，这必然致使部分大学生缺乏将课本知识运用于实操活动的应用能力，甚至在走出校门以后要用较为长期的一段时间来适应新工作。第三，人际交往是大学生综合能力的有益评判指标，拥有和谐的人际交往能力的大学生一般思想积极向上、热情乐观、充满信心，在处理问题上往往能够提出多种办法，从而有利于困难的克服与解决。但受社会、教育以及其他因素的负面影响，一些当代青年学生存在着自私、不合群、独立生活能力差、缺乏集体荣誉感等问题，这在一定影响范围内对大学生的自觉性和责任感的培育起着作用，有害于当代大学生思想道德等方面综合素质的提高。

（三）大学生实践活动的指导力度薄弱

1. 实践前缺乏正确指导

现在存在这样一种状况，学校对学生进行的实践活动只是出一个大概的指导方案，由大学生们自身选择实践题目、制定具体的社会实践计划。这使一些大学生在参与某些事前未经周详计划的社会实践活动时，不知如何着手，在活动中不免遇到新问题新状况，表现出更加无所适从，参与人员大部分出于零散状态，缺乏统一的指导，社会教育效果不尽人意。

2. 实践中缺少应对消极因素的引导

世界万物都是存在多个方面多变化的，各类社会实践活动也是如此，充分丰富的实践实操活动会带来有益于社会的教育效果，但在实践环境中也免不了出现阴暗的一方面，这就给大学生实践活动带来负面的影响。有的同学在参加社会实践活动之后，产生了悲观和丧气的情绪，对基层工作产生了抵触情绪，滋生对社会不满的看法。对于大学生在社会实践活动中碰到的各类消极情况，应当及时加以引导，尽快消除影响，恢复对国家和社会的信任。

3. 实践中欠缺创新意识

世界处于变化发展中，只有能创新、敢创造的人才能在竞争中处于不败之地，当代青年学生应当随着时代变化发展而优化自身性思维，理解现实的要求，对当代学生实践活动更提出更丰富的要求。经过考察分析可以看出，目前各所高校安排大学生们进行的实践实操活动的内容和手段，主要还是以团委指导下青年志愿活动、暑期下基层、大学生课外科技竞赛等实践类活动为主，文科类学生课外和科技实践的平台相对较少，网络平台运用的较为局限。传统的社会实践模式层次较低，专业局限，跨度较小，在总体上与大学生的现实发展需求还有一定的差距，不断创新实践活动的方式、途径和手段是发挥其作用的必经之路。

（四）家庭环境带来的不良影响

大部分的当代青年学生都是独生子女，这部分大学生从出生开始就受到父母的关心和呵护，对自身的要求很低，反而对他人的要求较高，一直处于享受物质生活和家庭条件的情况下，丰富的学习成长经历，没有经历挫折和坎坷的机会，所以在克服困难方面的能力相对较弱，对自身的责任感和自觉性的认知也更为脆弱。升入大学，这是一个全新的环境，一部分大学生进入大学之后，未能成为自身曾经定义的优秀的人才，同时，大学的环境相对轻松，学习压力比较小，而自身对自我控制的能力还很薄弱，容易致使奋斗的方向不明确，随波逐流，忽略了自身的角色和社会责任，没有及时形成较高的理想信念，这也就根本无法发展内在的自觉性和责任感。同时竟有一部分学生将大学学习阶段当作攫取个人利益的垫脚石，思维方式均是从自身利益和角度出发，较少考虑他人的合理权益。对于将来有利的知识和课程加倍学习，对于不能获得直接利益的课程，比如志愿者活动，社团社会实践活动等等，则敷衍了事。在家庭生活中，不断地加强了金钱的价值观念，使得这部分大学生将金钱的数量与幸福的程度相联系，不会考虑社会集体的长远发展，便不用说自愿地承担应付的集体责任了。

我国一直实行应试教育的政策，升学率成为判断学校水平的衡量体系，学习成绩也被认为是评判学生优劣的重要标准。由于这种政策致使部分大学生的社会责任感单薄，一些学校也忽略了实践活动的重要性，只注重学习成绩，不关注内在素质的培育，给今后的思想建设埋下了不良影响。由于青年学生自身各类实践活动制度不完善、政府部门及社会各方力量重视力度不足、学校培育与现实工作要求不符以及学生自身实践参与意识不足、责任感缺失和家庭环境带来的不良影响的因素使现实社会实践中出现了各种各样的难题。

第三节　完善大学生社会实践活动，培育社会责任感的措施

对于当代青年人自身责任感培育的课题研究讨论，是一个复杂进程，其中大学生自身是责任主体的确立为关键一点，只有大学生从自身角度出发，识别到自身的角色定位，自觉地肩负社会和集体责任，才能提升当代大学生的责任感和自觉性。同时，社会各界若将学生的主体地位提升并加以重视，主动积极地促进学生发展，这便给提高大学生自身社会责任感提供了一个良好的社会要素。

一、提升大学生社会实践的思想意识

（一）培育正确认识能力

随着年龄的增长以及专业知识水平的不断增加，大学生们都会进行一定程度的自我评价。在探索对自我的进程中，因为社会经验等缺乏，很多大学生这方面的能力较低，并不能对自身社会角色、位置有准确的定位，所以，培育大当代学生正确认识自身的社会角色是极为重要一环。对于这方面可以通过丰富理论学习，相互交流的学习方式，积极开展批评和自我批评，多角度多维度地认识自身、了解自身培育和提高自我认识能力。

（二）提高正确教育能力

“没有自省意识，就没有真正的教育”——这是苏霍姆林斯基先生的一句名言。开发当代青年学生的参与热情，首先应该正确认识自我，第二步就是提升自省教育能力。步骤看似简单易行，可是都需要打学生自觉增强自觉性和自省意识，大学生不知道每日自省的重要性，很难超越自我。只有通过不断自省，合理正确地做出自我认知，才能分辨黑白、理清事理，逐步地提高自身的综合素质，进一步增强自身社会责任感和使命感。

（三）完善正确调控能力

自我调控能力是指人们利用自身的理智能力去调控自身的感情波动、不断自觉约束自身言论和行为行的表现能力。这方面实际上是对意志品质、信念信心和鉴赏辨别等能力的发展和培育，目标是达到在无人监督并且有许多不良诱惑情况下，仍然能严格要求自身的自律状态。当代青年学生在不断完善自我调控能力的同时，在内心中培育崇高的社会理想观念，自觉地对家人、对整个社会履行自身责任。

（四）加强正确规范能力

主动认识自身、不断自省已成为学会规范自身行为的基础。参与主体的行为规范优与劣将会直接体现出主体综合素质特别是思想道德文化素质的高与低。大学生的正确行为规范的培育需要引导大学生逐步树立诚实守信、公平公正的思想意识。对于外部而言，借助法律、道德和纪律等方面的约束，有利于规范大学生的行为，使其将这种意识落实到法律和道德等具体行为中，进一步推进当代青年人自觉推进集体责任感和自觉行动力的进程。

二、加强高校对社会活动的指导

高校职能是教书育人，通过学校课程对青年学生进行综合素质塑造和培育，提升对自身社会责任感和自觉性的培育是高等教育的极其重要的社会义务和责任。

（一）充分发挥主体的主导地位

教师是教育主体最直接的体现，这类群体与青年学生联系最为密切，也是与大学生自身集体责任感和自觉性的高低有着密不可分的关系的。教师对于大学生自身自觉性的培育和推进有着很重要的作用。充分发挥指导作用，塑造一支高度自觉性责任感的指导教师队伍是培育和推进大学生自身自觉性和能动力的必经之路。对于当代青年学生自觉能动力培育的课题研究讨论，必将是一个复杂过程，其中青年人自身责任主体确立为关键一点，只有大学生从自身角度出发，识别到自身的角色定位，自觉地肩负社会责任，才能提升现代大学生的责任感。

1. 提高教师的政治思想素质

政治信念和信仰是由一个人的思想政治文化素质决定，思想政治文化素质在高等教育中指导教师素质体系中占有重要地位，是一个衡量高校指导教师合格与否的重要考评考核标准。作为一名高校指导教师在具备较高的思想政治文化素养的基础上，才可准确地阐释和传承中国特色社会主义理论的精髓，宣扬我国建设事业伟大成就，坚持正确的思想政治立场、强烈的政治热情，培育崇高的爱国情感和优秀的道德情操，积极指导大学生养成合理向上的价值观以及人生观，逐步提升自身社会责任感。所以，持有高度的政治责任感、自律的政治责任意识是一个高校教师必备政治文化素质，更是培育新时代大学生自身社会责任感的应有之义。

2. 加强高校教师师德建设

每位指导老师具备的爱岗敬业的奉献精神以及崇高的思想道德品质都对新一代青年们的思想文化道德素质有着举足轻重的影响。夯实的专业知识理论功底、丰富的信息储备以及不断创新创造意识的学术研究精神是高校教师的基本素质，让当代青年学生自发培育对社会的自信心和责任感，遵守各项道德规范和我国国家法律，逐步地培育崇高的思想道德品质。我国在 2010 年颁布了《国家中长期教育改革和发展规划纲要（2010—2020 年）》，该《纲要》明确指出：应当增强师德师风建设，提升教师专业业务水平，健全管理制度，努力打造一支师德高尚、业务精良、结构优化、活力充沛的专业化教师指导队伍。高等学校要提高教师的师风修养，引导其培育向上正确的人生观、价值观，真正做到“以身立教、为人师表，教书育人”，这是教师师德的核心和灵魂。正如孔子所说：其身正，不令而行；其身不正，虽令不从。有着崇高职业责任感的教师对于培育具备更高自觉性与责任意识的大学生来有着便宜的意义。高校教师应当具备深厚的学术研究底蕴，更要具备优良的思想道德品质，高尚的职业情操，以身作则不断推进大学生的社会责任感培育的历程。

3. 完善教师的选拔条件

制定严格的选拔与任用教师制度，尤其是从事思想德育工作的老师应当列入高校发展的进程中。有着强烈责任意识的高校教师队伍，有着积极地宣传意义，主动担当教育义务，从而助力于更多青年人树立正确向上的人生观、价值观。在这方面建议所有的高校定期多次组织教师开展思想政治类的理论学习，完善教师考核评价体系，不断提高教师的思想政治素质和实践能力，多方面提升自身的社会荣誉感，充分发挥伟大的榜样力。

4. 解放思想，回归学生主体地位

正视大学生在社会实践中的主人翁地位，回归大学生的主体独立意识，强调观念引导，积极培育大学生自省意识的热情以及自觉性。我们仔细查看过去的各类实践活动不难发现，部分活动流于形式，教师成了活动的组织人员，在活动时间、参与地点、进行方式、人员配比等方面都是由指导教师主导，学生仅仅接受指导教师的要求被动地去参加社会活动。在这种社会实践活动中大学生便逐步丧失了应有的主体地位，无法展示自身的才华和优势，更体验不到创造的快乐和成就感。

不断更新观念是克服实践活动中的该类问题的重点所在，正视青年人的主体本位，让学生依靠自身的专业知识与兴趣点相结合，在社会实践活动中展示个人魅力，培育自身独立人格和自主精神。高校在组织各类活动时可以拓宽思维，增加方案的深度和广度。在组织形式上尽量灵活，可以尝试自发结合、分散与集中结合等多种方式，这便更贴近学生生活实际，便于学生参与社会实践活动。而在社会实践方式、课题设定、细则的确定上，应当尽量激发学生的能动性，主动参与进来。充分激发大学生的积极性，下放权力由大学生独立地进行社会实践，在社会实践中锻炼大学生自立能力和创造思维能力，要达到从实践中来，再回到不断促进社会各方面的进步中去。

（二）丰富教育资源，细化课程体制

就目前情况来看，大学生的社会实践课程依旧处于课程化与非课程化相结合、整体上没有形成独立完善的体系阶段，高校均制定了一些针对不同专业、不同课程的社会实践活动计划，但这与整个大学生自身社会实践活动发展程度来比较，仍存在不足之处。运用变化发展眼光，时刻关注学生思想道德的新趋势，与时俱进地培育其建立崇高的爱国信念，不断提升自身社会责任感和集体荣誉感。学校教育最基础的客体是教学课程，它也承载着教育观念、教育思想，是实现教育目标的基本路径。

运用统筹兼顾的眼光来设置和安排大学生的社会实践活动，将其逐步规范化、专业化，进一步突出实践教学在人才培育体系中的重要地位。完善学分制，将各类现实实践活动情况纳入量化考核，逐步设立合理适当专门针对学生自身实践活动的运行考评考核机制。通过实践活动学分制度来进一步规范青年自身活动的运行以及管理，进一步激发参与各类实践实操活动的自觉意识和热情。弘扬爱国主义精神是时代发展赐予大学生神圣使命，更作为大学生成长成才的基本要求。不断提高青年学生的国家意识与观念，建立科学的社会主义价值观，是提高自觉性和责任感的应有之义。高校在开展大学生自身社会责任感培育的工作中，应当涵盖多个方面，形成全方位、多角度的教育监管机制。从不同角度设计教育内容和方法，协调活动课程与学科课程的比重，分配校外课程与校内课程的层次，在细微处对学生进行思想政治教育。

学校需要逐渐探寻并建立起面向全体大学生、分层次的实践活动的行式，在进行各类实践活动设计时尽量做到充分纳入全体学生的不同要求，从而作为突破口加以细致性指导与实施。这体现了具体问题具体分析，重视作为人发展的原则，依靠不同年级大学生学习现状的差别，制作出特别的教育指导内容进一步贴近大学生的现实情形和适应能力。面向大学新生来看，各类实践活动需要与大学生活和生产劳动、家政服务等方面相结合，丰富该类实践活动类型，大二学生应当将实践重心转移到各类型的调查活动以及结合独有专业知识的各类实践实操活动，大三学生就可以结合专业所学开展的专项服务实践类活动，而毕业班的大学生更要侧重于专业实习和实践，提升自身竞争力和思维创造能力。逐步创设针对全部师生、分层次的实践行为模式。

（三）优化社团细则，培育参与热情

大学生刚进入校园，除了专业知识的学习之外，时间大部分是参与学校各类社团。高校社团是一种能够打破系科、年级等多种限制，以积极向上的形式、丰富有趣的活动吸引学生参与的活动。通过参加社团，枯燥的学习变得有趣，学生社团正日益成为大学生思想道德素质教育的可靠桥梁，在团内的交流和活动都对学生的素质培育起着至关重要的作用。高校

应当对各类学生社团工作予以支持，技术上多些专业指导，资金上给予帮助，不断推进社团内部管理的规范化和制度化，并在整体方面统筹兼顾，设立适合大学生培育社会责任感的社团，将社会责任感的培育课程融入现实多变的社会实践中。

（四）创新活动路径，丰富实践方式

世界出于变化发展之中，能创新、敢创造才能使大学生在日益激烈的竞争环境中处于有利之地。各个高校在近些年一直不断探索社会实践的新思路，在原有的基础上开拓了思维，寻找出另一种适合时代发展的新路径。信息时代已经到来，互联网也已变成大学生学习的一个不可缺少的平台，在网络中，信息种类更为丰富、信息交流更为发达，所以应当推动青年人自身各类实践活动的网络化，创建合适自身的实践类网站，并不断完善后备设置，依靠专业人员和设备进行运作，这必将成为加强自身各类实践活动现实性的一项有力途径。

（五）设立专门机构，落实责任到人

大学生的社会实践活动本身就是一个复杂而系统的工程课题，只有在学校和社会相互联系联系，教师与学生彼此沟通，理论与实践不断结合的情况下，才能使得社会实践活动顺利进行。其中学生自身责任主体的确立是关键一点，只有大学生从自己角度出发，认识到自身的社会角色，自觉地肩负社会责任，才能提升当代青年学生的责任感。这体现了多方关系的协调与运作，所以便要求建立一个专业的领导组织机构来指导大学生自身各类实践活动的开展，进行统一部署与协调，激发和维持参加实践活动各个主体的热情。部分大学已经设立了领导组织机构，例如大学生实践教育指导委员会等，该组织以教育管理人员、教师为主体，统一指导本校社会实践课程体系的建设与完善，同时引入社会力量参与。在专门机构内部应当达到分工明确、责任到人的细化程度。在指导教师的指导下，做到统筹规划，参照高等教育的现实状况和现实的培育目标，合理适当地设计实践活动的工作细则，保障参加主体合理、科学的开展各类实践活动，逐步完成高校自身人才培育的基本任务。

三、丰富社会实践活动的制度体系

康德曾指出：在社会道德上每一个有价值的人都应当有承担社会责任的意识，知道社会责任而不承担社会责任，不履行社会责任的东西，没有资格称为人，只是物品而已。从现实实践中我们可以看到，社会对一个人是否履行社会责任更多的是自觉自愿不强制的，在大学生群体中，社会对他们的要求也多半出于主观能动性，没有其他约束机制进行规制，因此出现了诸多如考试作弊、拖欠助学贷款等不良现象，看到这些问题，笔者认为在培育青年人自身社会责任感和自觉性的进程中，应当创建并不断完善具有强制力和激励力的权责归责体制，这便为建立健全实践体系的重要路径以及方法，能更有力地保证各类实践活动的顺利开展，借助奖惩机制对参与主体的行为进行监督指导，进一步帮助大学生提升自身的责任感和荣誉感。

（一）建立制约机制

社会责任感的培育是一个循序渐进的过程，而在成长的过程中不可缺少的就是制约机制的调整作用，而机制往往在任何系统中都起着基础性的作用。大学生是时代发展的代言人，也是社会发展的主力军，在参与社会实践活动中，要真正实现高校育人的教学目标，培育出德才兼备的优秀人才，就必须要建立起对大学生自身社会实践活动的长效制约机制，为培育和提高向上的责任观念提供安心优质的外部成长氛围。

社会实践活动可以列入正常学分机制中，每学期规定一定的学分要求，并把成绩作为实践课的成绩，列入学生档案，把社会实践课程正式作为正规课程来要求。逐步完善考核机制，根据时代发展创新机制，将会激发学生参加活动的热情和自觉性，不断促进社会活动的发展与完善。

（二）制定激励机制

虽然社会在不断变化、竞争机制也在日益更新，国内高校对大学生的整体评价依旧停留在专业考试的成绩上，高分学生是优秀学生，没有拿到奖学金的学生被认定为学习不刻苦的大学生，这恰恰严重忽视教育学生如何做人，放松了对大学生思想价值观的多方考察。单纯的教授学生生存的技能，而没有教导他如何做人，特别是做一个对社会有用的人，即便这类学生具有再优质的专业方面技能，这类的教育也是不成功的。因此，各所高校在注重完善社会实践活动制约机制的同时，还应当制定合理的鼓励措施。

各高校应当设立一套贴近现实情况，有真实效果的结果奖惩机制，开展社会实践成果优秀的大学生给予相应的物质鼓励和荣誉表彰，发挥榜样的无限力量，与此同时向对口用人单位推荐品学兼优的人才，鼓励即将工作的大学生发挥自身的自觉性和创造性，帮助其降低逐渐上升的就业难题。而对于没有充分完成社会实践活动的大学生，可以给予一定的处罚处理。

（三）完善评价机制

对实践效果的考评考核工作是进行实践活动的一个极为重要的构成部分，各个高校尽力达到实践育人的这一目标完全离不开对大学生实践活动参与和完成工作的考评考核活动。通过走访了解，目前高校对现存各类实践活动的评价机制仍然有一些待完善之处。评价方法过于单一，使学生参与活动近乎流于形式，效果根本得不到充分的展现。另一些评价机制只看成果不问过程，缺乏激励性这就很容易在一定程度上挫伤了大学生参与活动的积极性，甚至形成了错误的认知导向。建议各高校增加对大学生品德素质方面的考查，设立一种利于其增强社会责任感的优质的评价机制，开发大学生参加的自律性，激发大学生参加热情。而对于各级政府部门或者社会组织来说，应注重采取科学、合理教育考评机制来进行对高等教育的各类现实实践活动的评价考察。

利用具体问题具体分析的哲学方法，通过变换方式、择优路径，在多角度多维度来收集大学生社会实践的真实信息，随后进行专业的定量、定性分析，最终对大学生自身社会实践活动的过程和效果做出正确合理的价值判断。最为重要的是，应当及时反馈，提出改进实践活动的方向和途径，帮助学校理清现状、增强高校发现问题和解决问题的能力，不断推进大学生的社会实践活动发展。同时，应当不断完善评价机制的相关配套体系，便要求健全档案资数据库，完整地搜集各类信息，便于考评时参考，进一步推进当代学生实践活动的开展。

（四）建立保障机制

为保障学生能顺利通过各类实践实操活动需要设立并不断加强学生各类实践活动的保障系列体制制度。各级政府部门和社会各类机构应当重视大学生在实践活动中应有的主人翁地位，尽可能地为大学生提供现实合理的是实践实操机会，作出正面评价，保持责任主体参与各类活动的热情。应该在各自方面支持当代青年学生的现实实践活动，正向指引其提升正确的责任感和道德自觉性。在实际开展各类社会实践活动的程序中，必将遇到各种类型的情况和突发情况，这就要求监控反馈机制呼之欲出。

设立监控反馈机制是通过各种各样的信息渠道，来得知大学生在社会实践活动中产生的问题和突发状况，并且及时干预，积极应对，解决真实存在的系列问题，进而对大学生自身社会实践进行保障工作。当前网络、电影、广播、报纸等大众媒介在人们社会责任意识的培育上具有很大影响，在社会上充当文化导向的角色，充分发挥社会的责任教育功能，就要以这些媒介为依托，大力宣传社会上的一些道德楷模，倡导大学生励志学习他们的优良品质，并积极引导大学生参与到社会公益活动中，履行作为一名有责任、有担当精神的大学生应该做的事情。同时社会媒体还要对社会上存在的一些负面现象进行谴责，对某些不负责任的行为进行批判。收集汇总学生自身实践活动过程中的信息反馈，不断积累经验，发现并解决问题，更好地进行以后的各类实践活动，逐步提升青年们自身的责任感和自觉执行力。

（五）建立长效机制

培育大学生的自觉性与责任感应当具有前瞻意识，要有发展眼光考虑变化的事态走势，将当代学生培育成为合格的优秀公民。人是社会中的人，大学生也是社会群体中的一部分，应当具备基本的公民意识，履行公民责任。建立长效制约机制，要求社会各方力量不断的努力。在学生自身方面来说，在不断地自我教育、自我调节、自我管理中增长知识、受到教育，不断完善自身的人格素养和道德情操。

逐步建立合理运用保障制度机制，坚持将当代青年学生自身公民意识的培育任务长期持久地进行下去，使之升华为高度的责任感和自觉性，进而转化为鼓励大学生不断成才的精神力支持。设立培育大学生自身责任感的长效机制是一件复杂并且系统性较强的工作。主体部门应当根据现实的经济发展状况，与时俱进不断创新，继承和发扬积累下来的成功经验和措施。随着国际化竞争压力不断增加，设立当代学生自身责任感、行动力培育长效机制是十分必要的，设计出专属于适合学生自身责任感培育的学习舞台，更深层次地推进学生自身责任感培育工作的进程，做到将责任感的培育与青年学生自身综合素质发展事业紧密联系起来，不断提升大学生的责任感和自觉意识。

大学生的就业难题一直是社会普遍关注的焦点，人才规模扩大与社会需求之间的矛盾成为政府、高校、社会亟待解决的问题，为大学生提供健全的就业机制成为解决这一问题的核心，通过为大学生提供咨询意见、鼓励大学生自主创业等方式帮助大学生顺利找到工作，不断提升学生的社会归属感并在岗位上发挥自身人生价值，从而提升学生的社会责任感和自省、自律能力。

四、优化家庭氛围的初级影响

家庭教育在培育孩子的社会责任感的过程中发挥着不可替代的作用，一个和谐的、民主的、健康的、积极的家庭氛围有利于孩子诚实、善良、有责任、有担当等品质的形成，相反而言，学生自小生活在一个关系糟糕的家庭中，极易受到被动消极情绪的影响，形成了以自我为中心，孤独、胆怯的扭曲性格。

（一）提升父母自身责任意识

社会实践活动是人们认识并改造世界各种活动的总称，是人们探求真理、发现真理、运用、验证并且进一步发展真理的基础。大学生是社会发展与进步的主力军，更是未来时代发展的代言人，被社会赋予了艰巨的责任，承担起伟大祖国富强、民主、文明、复兴的时代使命。托尔斯泰曾经说过："教育几乎全部都归结于榜样上面，归结到为人父母品行是否端正上。"给正在成长的孩子作出一个好形象就是为人父母亲的基本责任和神圣使命。在逐步提升自己思想道德素养和自觉奉献能力同时，父母亲应当做到言行统一。在工作岗位上更要勤奋努力、踏踏实实，为孩子的责任教育培育塑造典型。为学生创造一个和睦的家庭环境是作为父母的最基本的责任。

（二）优化家庭成长环境

就家庭教育方面而言，可以运用优化家庭氛围环境的手段，从基础做起，为学生提供一个优质的责任成长氛围。我国正在实行计划生育的基本国策，大部分的当代青年学生都是独生子女，这部分大学生从出生开始就受到父母的关心和呵护，对自身的要求很低，而对他人的要求较高，身处于充足的物质生活和优越的家庭经济条件下，丰富的学习成长经历，没有经历挫折和坎坷的机会，所以在克服困难方面的能力相对较弱，对责任认知也更为脆弱。

（三）丰富家庭矛盾纠纷解决机制

对于提升当代青年学生自身责任感的课题研究讨论，这必定为一个复杂道路，其中确立大学生自身是行为主体为关键一点，只有大学生从自己角度出发，认识到大学生自我的社会角色，自觉地肩负社会职责，才能提升当代青年学生的自觉性。与此同时，社会各界若将学生的主体地位提升并加以重视，主动积极地促进学生发展，这便给提高大学生自身社会责任感提供了一个良好的社会要素。现如今，家庭矛盾日益凸显，矛盾类型变化多端，父母与子女之间的代沟越来越深，而双方都疲于解决这些问题，这就要求社会各界能集思广益，总结出能够正确解决矛盾的良好方法，并加以推广。现在，不少媒体通过家庭访谈和交换生活环境等方式来解决家庭矛盾，使青少年体验艰苦的生活环境，父母一起陪同下乡体验，两方都进行学习教育，最后能达到不错的实际效果。

青年们自身社会责任感培育就成了科研领域与实操领域一个相当重视的研讨课题。大学生自身各类实践活动，就是经过学校学习中不断了解国情、接受教育、增长才干的过程，也是特色社会主义高等教育的基本目标和重要内容，更是我国贯彻党的方针政策，不断加强大学生思想素质教育的重要手段和不能缺少的重点阶段，这关乎我国是否能适应社会发展与国际竞争的必要方面。本章以实践活动为突破口，寻找一个角度进行研究，来深入探究当代学生自身责任感和自觉性培育的具体方案以及实施措施，我们相信经过各方不断努力，能找到更多完善措施，逐步构建比较科学完备的工作体制，努力依靠社会实践活动来培育增强当代青年学生的社会责任感。

参考文献

[1] 吕剑新. 大学生社会责任感培育研究[M]. 北京：中国商业出版社，2019.
[2] 包雅玮，程雪婷. 青年大学生社会责任感培育研究[M]. 北京：中国社会科学出版社，2017.
[3] 陈柒叁著. 大学生社会责任感培养[M]. 北京：光明日报出版社, 2014.
[4]黄四林著. 大学生社会责任感研究[M]. 北京：北京师范大学出版社, 2019.
[5] 胡树祥，等. 大学生社会实践教育理论与方法[M]. 北京：人民出版社，2010.
[6] 刘峰. 当代大学生社会责任感培育实证性研究[M]. 北京：中央编译出版社，2018.
[7] 吴玲. 和谐社会构建视域下大学生社会责任感培育研究[M]. 长春：吉林人民出版社，2014.
[8] 成蓓蓓. 上海市中小学校外实践育人模式研究[D]. 上海：上海师范大学，2017.
[9] 张蓉. 当代大学生中国梦教育研究[D]. 成都：电子科技大学，2017.
[10]王莹. 当代大学生价值观的嬗变与培育研究[D]. 北京：北京交通大学，2017.
[11]章晓晨. 新时代大学生社会责任感养成机制研究[D]. 西安:西安理工大学，2019.
[12]覃燕. 大学生践行习近平青年责任观研究[D]. 厦门：华侨大学，2019.
[13]陈晓泽. 以志愿服务为载体的大学生社会责任感培养研究[D]. 厦门：华侨大学，2019.
[14]牛旭升. 南疆高校大学生社会责任感培育研究[D]. 喀什：喀什大学，2019.
[15]吴培育. 大学生社会责任感现状及培育对策研究[D]. 保定：河北大学，2019.

[16]陈晨. 大学生社会责任感培育研究[D]. 大连：辽宁师范大学，2019.
[17]尹姣迪. 新时代大学生社会责任精神培养对策研究[D]. 长沙：湖南师范大学，2019.
[18]代国丽. 大学生社会责任感培育研究[D]. 锦州：渤海大学，2019.
[19]董豫瞳. "双一流"建设背景下广西高校大学生社会责任感研究[D]. 南宁：广西大学，2019.
[20]宋晓炜. 当代大学生责任担当意识培育研究[D]. 济南：山东大学，2019.
[21]安慧影. 大学生社会责任感现状及对策研究[D]. 保定：河北农业大学，2019.
[22]徐远琼. 云南高校少数民族大学生社会参与能力培育研究[D]. 昆明：云南师范大学，2019.
[23]丛鹳融. 新时代大学生社会责任感培养研究[D]. 沈阳：沈阳师范大学，2019.
[24]刘月欣. 志愿服务视角下大学生社会责任感培育研究[D]. 武汉：武汉科技大学，2019.
[25]谌丹阳. 新媒体视域下大学生责任感教育研究[D]. 绵阳：西南科技大学，2019.
[26]崔桓. 当代大学生社会责任感及其培育研究[D]. 长春：吉林大学，2019.
[27]李唐. 社会主义核心价值观视域下大学生社会责任感教育研究[D]. 重庆：重庆理工大学，2019.
[28]董卿. 当代大学生自我责任感的缺失及培育研究[D]. 太原：中北大学，2019.
[29]陆翔. 大学生网络道德责任感培育研究[D]. 哈尔滨：哈尔滨理工大学，2019.
[30]单丽花. 当代大学生责任感弱化问题及对策研究[D]. 保定：河北师范大学，2018.
[31]林豆豆. 北京高校体育教育专业学生专业性有偿社会实践的调查研究[D]. 北京：北京体育大学，2019.
[32]李超. 幼儿园大班社会教育活动中体验式教学应用的研究[D]. 呼和浩特：内蒙古师范大学，2019.
[33]杨漾. 思想政治教育视域下大学生社会实践研究[D]. 保定：河北大学，

2019.
[34]侯莲梅. 新时代大学生中国精神培育研究[D]. 成都：电子科技大学，2018.
[35]呼和. 大学生社会实践育人机理及运行机制研究[D]. 北京：北京科技大学，2018.
[36]王程. 实践育人视阈下大学生社会责任感培育体系构建[J]. 商洛学院学报，2019，33(05)：86–91.
[37]朱理鸿. 论雷锋精神在当代大学生社会责任感培育方向的作用[J].教育现代化，2019，6(82)：309–310.
[38]胡圣知，胡军，王艾娟. 微文化对大学生社会责任感培育的影响与路径选择[J]. 船舶职业教育，2019，7(05)：50–53.
[39]雷荣珍，王永明. 当代大学生社会责任感培育研究[J]. 才智，2019(27)：94.
[40]蔡金杰，武娜娜. 以志愿服务为载体的大学生社会责任感培育研究[J]. 山西青年职业学院学报，2019，32(03)：16–18.

2019.

[4]胡鸿杰. 新时代大学生中国精神培育研究[D]. 成都：电子科技大学，2018.

[5][illegible]：[illegible]，2018.

[6][illegible]，2019，17(03)：88-91.

[7][illegible]，2018，36(8)：309-310.

[8][illegible]，2019，[illegible]：30-[illegible].

[9][illegible]

[10][illegible]，2019(20)：16-[illegible].